POLYGLOTT on tour

Burgund

W0324904

Manfred Braunger

Special

Allgemeines

Städtebeschreibungen

Touren

Tour 1

Burgundischer Vorgeschmack

Seite 56

Côte d'Or nennt sich jene Ecke Burgunds, die sich grandioser Lagen rühmt. Doch im Norden und Osten von Dijon stöbert der Besucher statt in Weinkellern eher in Festungsanlagen.

Tour 2

Paradies der goldenen Tropfen

Seite 60

Als Triumphstraße des Weins zieht sich die Route des Grands Crus manchmal auch auf Nebenwegen durch malerische Dörfer.

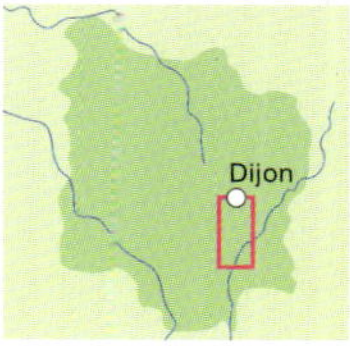

Tour 3

Das grüne Herz von Burgund

Seite 68

Man glaubt, das herbe Grün riechen zu können. Die vielen Stauseen haben den Landstrich zu einem attraktiven Erholungsgebiet mit kulturellem Beiprogramm, z. B. in Neves, werden lassen.

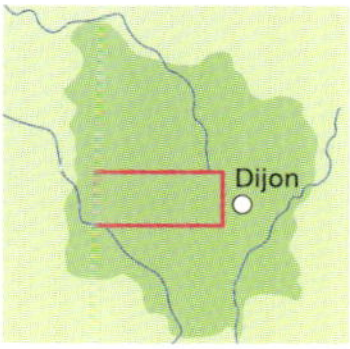

Tour 4

Kirchen, Klöster, kühne Kelten

Seite 75

Irgendwie kann man sich des Eindrucks nicht erwehren, dass seit dem Bau von Bilderbuchstädtchen wie Semur-en-Auxois kaum Sandkörner durchs Stundenglas rieselten.

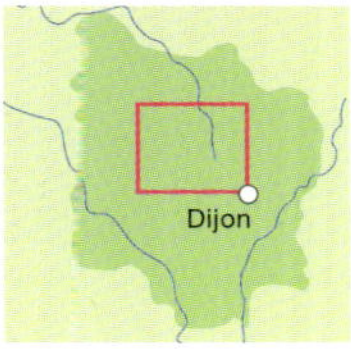

Tour 5

Burgund zwischen Yonne und Loire

Seite 83

Die Puisaye ist die Landschaft, in der die Schriftstellerin Colette das Licht der Welt erblickte. Die richtige Adresse für hektikgeschädigte Stadtflüchtlinge.

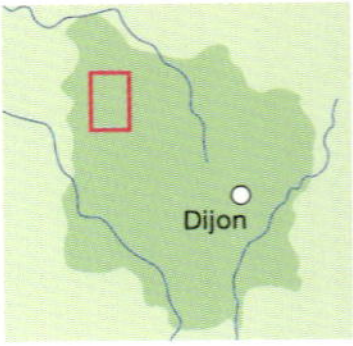

Tour 6

Um die Säulen des Mittelalters

Seite 88

Oft ähneln die vielen kleinen Ortschaften im Mâconnais einer Burganlage, und allerorts wird mittelalterliche Architektur von mächtigen Säulen gestützt.

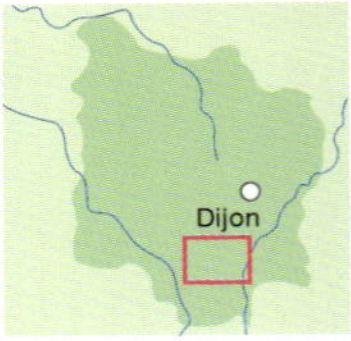

Das mächtige, alte Château de Ratilly südwestlich von Auxerre

Bildnachweis

Alle Fotos APA Publications/George Taylor außer Catch the day/Manfred Braunger: 1, 15-1, 17, 25, 39-2, 43, 57-2, 61-2; laif/Ebert: 10, 10/11 (Fond); laif/Paul Hahn: 6, 6/7 (Fond), 7, 11, 20; laif/Heuer: 8/9 (Fond), 9; laif/REA/Damoret: 8; Martin Petrich: 15-2; Cornelia Rommé: 32-2, 41; Ernst Wrba: 35, 46; Titelbild: LOOK/Christian Heeb.

Weinlandschaften und Winzerkeller

Nach der Besichtigung der unterirdischen Stollen, die nach vergorenem Rebensaft und feuchter Erde riechen, hängt der Kellermeister die schwere Lederschürze an den Nagel des gut gefüllten Flaschenregals der Probierstube, schwenkt mit Kennerblick ein Glas Pinot Noir in der Hand und prostet seinen Besuchern mit einem aufmunternden *à la vôtre* zu. Touren zu den Winzereien gehören zum Standardprogramm eines Urlaubs in Burgund. Mal handelt es sich um kleine Familienunternehmen, mal um Großbetriebe mit weitläufigen Gewölben unter schlossähnlichen Gebäudekomplexen.

Tipp Egal, ob man mit dem Auto oder dem Fahrrad unterwegs ist, bei der Suche der kleinen Winzerdörfer helfen Straßenkarten im Maßstab 1:250 000.

Weingüter im Internet
www.bivb.com/glossaire.html
www.lacave.ch/lacave/fr/domaines/index.html

Fahrradvermietung

- **Bourgogne Randonnée,** 7, av. 8 Septembre, 21200 Beaune, Tel. 00 33/(0)3 80 22 06 03, Fax 00 33/(0)3 80 22 15 58, E-Mail: br@terroirs-b.com, www.terroirs-b.com/tourisme/dindex.htm
- **Cycles Valerian Guenin,** 3, rue Eckmuhl, 89000 Auxerre, Tel./Fax 00 33/(0)3 86 51 28 06.
- **Tournus Cycles,** 5, rue Jean-Jaurès, 71700 Tournus, Tel. 00 33/(0)3 85 51 01 49, Fax 00 33/(0)3 85 32 57 23.

Weinparadiese

Als Königsweg der Weinstraßen wird die Route des Grands Crus entlang der Côte d'Or bezeichnet. Aber auch in ihrer näheren Umgebung, etwa im Umkreis der Weinmetropole Beaune, liegen idyllische Winzerbetriebe wie Inseln inmitten des grünen Rebenmeers. Da radelt man z.B. über Longvay und Quincey ins idyllische Landstädtchen Nuits-St-Georges, um sich in der Domaine Lescure mit dem ersten Schluck Rotwein zu belohnen. Sympathische Dörfer wie Chaux, Meuilley und Bruant bilden weitere Höhepunkte dieser Tour, ehe es über Echevronne an den Ausgangspunkt zurück geht (ca. 56 km).

▮ **Domaine Chantal Lescure,** 34A, rue Thurot, 21700 Nuits-St-Georges, Tel. 00 33/(0)3 80 61 10 63, Fax 3 80 61 36 64, E-Mail: contact@domaine-lescure.com, Besichtigung nach Voranmeldung.
▮ **Domaine Jean Fery et Fils,** 21420 Echevronne, Tel. 00 33/(0)3 80 21 52 51, Fax 3 80 21 59 59, www.bivb.com/glossaire.html. Ganzjährig geöffnet außer 15.–25.8. tgl. 8.30–19.30 Uhr.

Weinradeln im Mâconnais

Auch im malerischen Mâconnais wird eine Radtour zu den Winzerdörfern zum Erlebnis. Wer in Tournus auf das Rad steigt, hat sich spätestens in der Winzerei **Cave de Lugny** in Lugny westlich der Autobahn einen Schluck verdient. Die Kellerei stellt Winzerwerkzeug aus und zeigt ein gut gemachtes Video zum Thema Weinanbau. Nach dieser Stippvisite nimmt man Kurs Richtung Süden und erreicht westlich von Mâcon die schmucken Weindörfer La Roche-Vineuse, Prissé, Solutré-Pouilly und Leynes mit ihren geraniengeschmückten Kellereien. Mâcon mit seinem südlichen Flair ist der geeignete Ort, um sich nach der ca. 60 km langen Tour für ein neues Weinabenteuer auszuschlafen (Hotels S. 97).

▮ **Cave de Lugny,** Rue des Charmes, 71260 Lugny, Tel. 03 85 33 22 85, Fax 33 26 46, tgl. 8.30–11 und 13.30–17 Uhr.
▮ **Domaine La Maison,** Le Bourg, 71570 Leynes.Tel. 03 85 35 10 16, Fax 35 12 09, tgl. 10–19 Uhr.

▮ **Domaine Heimbourger Père et Fils,** 5, rue de la Porte de Cravant, 89800 St-Cyr-Les-Colons, Tel. 03 86 41 40 88, Fax 03 86 41 48 83, tgl. außer So nachmittags 9-12 und 15-19 Uhr.
▮ **Domaine Jean-Marc Brocard,** Rte de Chablis, 89800 Préhy, Tel. 03 86 41 49 00, Fax 03 86 41 49 09, www.brocard.fr, E-Mail: jm.brocard@ipoint.fr, Mo-Fr 8-12.30, 14-19, Sa 9.30-12.30, 15-19 Uhr. Eine gute Adresse, um Chablis einzukaufen.
▮ **Domaine Laroche,** 22, rue Louis-Bro., 89800 Chablis, Tel. 03 86 42 89 00, Fax 03 86 42 89 29, www.domainelaroche.com, tgl. 9-12 und 14-18 Uhr. Der Chablis Grand Cru ist das Spitzenprodukt des Hauses.

... wie Gott in Frankreich

Von den sprichwörtlich guten Tropfen der Region einmal ganz abgesehen, träumt der eine von einem knusprigen Bresse-Huhn, der andere von einem duftenden Bœuf Bourguignon oder aromatischen Käsespezialitäten. In Burgund ist es nicht schwer, entsprechend den persönlichen Vorstellungen ein Lokal zu finden.

Sterne am Gourmethimmel

Eine halbe Autostunde nördlich von Autun liegt in Saulieu in einer historischen Poststation eine überragende Gourmetadresse. Im Hotelrestaurant **La Côte d'Or** zaubert der Großmeister Bernard Loiseau seine Kreationen. Wie wäre es mit einem Austern- und Langustenragout zum Auftakt, gefolgt von einer Bresse-Poularde »Alexandre Dumaine« auf Trüffelreis? Unter Kennern genießen Michel und Jean-Michel Lorain ebenfalls große Verehrung. Vater und Sohn betreiben in Joigny das Hotel **A la Côte Saint-Jacques**, über dessen Küche ebenfalls Sterne funkeln. Beim Schlemmermenü bekommt man es mit sechs denkwürdigen Gängen zu tun. Es soll Leute geben, denen für die Truffe de Bourgogne, zubereitet von Jean Luc Barnabet, in seinem **Restaurant Barnabet** in Auxerre kein Weg zu weit ist.

- **La Côte d'Or,** 21210 Saulieu, Tel. 03 80 90 53 53, www.bernard-loiseau.com, E-Mail: loiseau@relaischateaux.fr. ○○○
- **A la Côte Saint-Jacques,** 14, faubourg de Paris, 89300 Joigny, Tel. 03 86 62 09 70, E-Mail: lorain@relaischateaux.com. ○○○
- **Restaurant Barnabet,** 14, quai de la République, 89000 Auxerre, Tel. 03 86 51 68 88, www.restaurant-barnabet.com. ○○○

Typisch Burgund

Ein rotes, kreisrundes Symbol mit der Aufschrift *L'Assiette de Pays* gilt in ganz Burgund als Wegweiser zu Restaurants, die ein spezielles kulinarisches Erlebnis bieten. Zum attraktiven Einheitspreis von 11 € bekommt der Gast ein einfaches, landestypisches Tellergericht inklusive eines Getränks eigener Wahl. Egal, für welches Gericht man sich entscheidet, die frischen Zutaten stammen immer aus der Region (www.crt-bourgogne.fr/vin/assiette_de_pays.htm).

La Dent Creuse, Place de la Foire, 89450 Vezelay, Tel. 03 86 33 36 33. ❍
Le Coq au Vin, Rue du Président-Wilson, 58500 Clamecy, Tel./Fax 03 86 27 92 21.❍
Restaurant de la Poste, 79, Grande rue, 89160 Ancy-Le-Franc, Tel. 03 86 75 11 08.❍

Deftiges vom Bauernhof

Fermes-Auberges sind nicht nur wegen ihrer günstigen Preise beliebte Ziele hungriger Gäste. In diesen eher schlicht eingerichteten Lokalen kommt unverfälschte Bauernküche auf den Tisch. Es versteht sich von selbst, dass die Zutaten so gut wie immer aus der eigenen Produktion stammen.

Ferme-Auberge de Bazoches, Domaine de Rousseau, 58190 Bazoches-du-Morvan, Tel. 03 86 22 16 30, Fax 03 86 22 11 81, www.auberge-bazoches.com, E-Mail: ferme.auberge@dial.oleane.com, 15.12.–15.1. geschlossen.

Ferme-Auberge de Malo, 71240 Etrigny, Tel. 03 85 92 21 47, Fax 03 85 92 22 13, www.aubergemalo.com, geöffnet, E-Mail: fam@aubergemalo.com, Ostern bis 20. November.

Ferme-Auberge des Chaumes de Ligny, 58330 St-Benin-des-Bois, Tel. 03 86 58 20 48, Fax: 03 86 58 37 07, www.les-chaumes-de-ligny.com, E-Mail: ortynski@les-chaumes-de-ligny.com, ganzjährig geöffnet.

Gourmetreisen

Wer einfach keine Lust hat, eine Gourmetreise selbst vorzubereiten, kann sich an Veranstalter wenden, die solche Trips für Genießer inklusive der Unterbringung in traumhaften Schlosshotels anbieten.

Erni Vin & Vacances, Parkstr. 22, 5603 Staufen,Tel. 062 892 42 12, Fax 062 892 42 11, www.vinvac.com/reisen/wug_burgund.shtml, E-Mail: erni@vinvac.com.

Fugues en France, 10, rue du Bois Guillaume, BP 134, 91004 Evry, Tel. 0033/ (0)1 60 78 66 22, Fax: 0033 (0)1 60 78 68 11, www.bonappetit-france.com, E-Mail: fugues@club-internet.fr

Mit 6 km/h tuckern die Hausboote durch die Kanäle vorbei an verwunschenen Schlössern und verschlafenen Winzigdörfern. Bereits im 17. Jh. wurde zwischen Seine, Loire und Rhône mit dem Bau künstlicher Wasserstraßen begonnen. Damals transportierten die Lastkähne Weinfässer oder Getreidesäcke, heute stehen abenteuerlustige Freizeitkapitäne am Ruder der Schiffe.

Ferien auf dem Hausboot

Hausbootvermietungen

- **Nautic-Tours,** Becklemer Weg 36, 45711 Datteln, Tel. 023 63/627 64, Fax 717 33, E-Mail: info@nautic-tours.de
- **Ruff Hausboote,** Max-Reger-Weg 10, 71254 Ditzingen, Tel. 0 71 56/9 36 93, Fax 1 84 33, E-Mail: gruff@ruff-hausboote.de
- **Saône Bateaux/Hausbootferien,** Manteuffelstr. 1, 65197 Wiesbaden, Tel./Fax 06 11/94 04 43 09.
- **stb-Reisen,** Platterstr. 87, 65232 Taunusstein, Tel. 061 28/98 25 13, Fax 98 25 15, E-Mail: stb-reisen-online.de, www.stb-reisen.com/hausboot.shtml

Adressen im Internet

www.locaboat.com
www.house-boat.net
www.saone-plaisance.com
www.saone-bateaux.com
www.connoisseur.fr
www.marinatravel.ch
www.burgundy-canal.com

1x1 für Kanalschiffer

- Für die meisten Kanalkähne benötigen Freizeitkapitäne keine Lizenz.
- Vom Bootsvermieter erhält man gut ausgearbeitete Reiseunterlagen und Karten mit wichtigen Informationen. Unter anderem werden die Regeln für die Schleusendurchfahrt erklärt.
- Abgesehen von den ausgeschilderten Wendepunkten kann man überall anlegen.
- Vom Schiff aus darf ohne Lizenz geangelt werden.
- Wer das Boot nicht zum Ausgangspunkt zurück bringt, muss einen Zuschlag für Einwegmiete bezahlen. Den eigenen Pkw kann man sich gegen Gebühr zum Endpunkt der Tour bringen lassen.
- Wer es sich leisten kann, sollte in der Vor- und Nachsaison ein Schiff chartern. Auf dem Canal de Bourgogne und dem Canal latéral à la Loire kann es in der Hochsaison schon mal ziemlich eng werden.

Burgunds Wasserstraßen

▌Canal de Bourgogne: St-Jean-de-Losne an der Saône hat sich zur Drehscheibe des Charterboottourismus entwickelt. Die Tour führt auf dem 242 km langen und mit 189 Schleusen ausgestatteten Kanal über Dijon und Montbard bis in die Yonne nördlich von Auxerre (s. Karte S, 59).

▌Canal du Nivernais: Von Decize an der Loire bis Auxerre an der Yonne sind auf 170 km allein 110 Schleusen zu bewältigen. Highlights am Weg sind romantische Altstädte wie Baye und Clamecy, aber auch landschaftliche Glanzpunkte wie die Felsen von Saussois. Und jedem Kanalschiffer schlägt bei der Durchquerung der drei Tunnel das Herz höher (s. Karte S, 63).

▌Canal latéral à la Loire: Der knapp 200 km lange Loire-Seitenkanal folgt dem linken Loire-Ufer von Digoin bis nach Briare. Die am Fluss liegenden Städte mit schmalen Gassen und bunten Märkten. Wer nach einer Überdosis Provinz zwischendurch Stadtluft schnuppern will, hat dazu im fast 60 000 Einwohner großen Nevers Gelegenheit (s. Karte S, 63).

Schwimmende Hotels

Morgens beim Zähneputzen fällt der Blick durchs Bullauge auf ein herrschaftliches Schloss, abends beim Zubettgehen zieht der Schattenriss eines mittelalterlichen Dorfs vorbei. Manche Hotelschiffe übertrumpfen in puncto Service und Komfort so manches Mittelklassehotel. Das gilt vor allem für die teils opulenten Mahlzeiten in stilvoll eingerichteten Speiseräumen.

▌CTP Hotelbarge, Siemensstr. 4, 72184 Eutingen i. G.,
Tel. 074 59/405 81 77, Fax 074 59/405 81 78,
www.ctphotelbarge.com, E-Mail: info@ctphotelbarge.com.

▌Croisières fluviales de Bourgogne, 21460 Epoisses/ Cortaint,
Tel. 00 33/(0)3 80 96 34 12, 00 33/(0)3 80 96 77 05, www.hotelbarge.com

▌Continentale de Croisières, 1, Promenade du Rhin, BP 41748,
21017 Dijon, Tel. 00 33/(0)3 80 53 15 45, Fax 00 33/(0)3 80 41 67 73,
www.continentalwaterways.com

Sonne in Fass und Flasche

Grüne und gelbe Borten zieren die roten Pumphosen, Puffärmeljacken und Mützen der Fanfarenbläser. Mit Pauken, Trompeten und stolzgeschwellter Brust kommt die herausgeputzte Stadtmiliz daher. Ihr folgen Räte, Richter und Honoratioren in blauem Samt mit schwarzen Hüten, auf denen die Pfauenfedern wippen, verschleierte Edeldamen in rauschenden Röcken und bestickten Schultertüchern, Querpfeifer und Trommler mit blitzenden Wappen auf den Instrumenten, blond gelockte Pagen, Eskorten auf tänzelnden Rappen unter schweren Brokatdecken. Da staunt das Volk, wie sich der Zug die Straße hinabbewegt, um an der Stadtgrenze den Großherzog mit Gefolge zu empfangen. Den Großherzog? Seit damals sind ein paar hundert Jährchen ins Land gegangen. Vielleicht handelt es sich doch um eine Parade anlässlich der Trois Glorieuses, der drei großen Weinfeste (s. S. 26), die im November gefeiert werden.

Aber in Burgund kann es einem schon passieren, dass man Gestern und Heute nicht mehr so ganz genau auseinander halten kann, was nicht unbedingt an Napoleons Lieblingswein, dem roten Chambertin, oder einem trocken-fruchtigen Chablis liegen muss.

Burgund stand ein gutes Jahrhundert lang unter der Herrschaft der vier großen Herzöge, damals ein blühendes, expandierendes Reich mit Ambitionen, mit einer höfischen Gesellschaft, die in Dijon residierte, mit flämischen Künstlern und einflussreichen Abteien als Hochburgen von Geist und Kultur.

Die Spuren der grandiosen Vergangenheit bleiben überall in dieser grünen Hügellandschaft sichtbar und spürbar: So z. B. um den Mont Auxois, wo die Geschichte mit Cäsars Sieg über die Truppen von Vercingetorix ein neues Kapitel aufschlug, in der mittelalterlichen Ritterkulisse von Semur-en-Auxois ebenso wie in den hinreißenden Denkmälern der Romanik im Mâconnais oder der aristokratischen Altstadt von Dijon, auf den stillen Kanälen zwischen Loire und Saône ebenso wie in der Museumswerkstatt eines Holzschuhschnitzers im gebirgigen Morvan. Und selbst beim viergängigen Abendessen im alten Kern von Beaune, in Sichtweite des Herzogspalastes in Dijon oder am Ufer der Yonne in Auxerre bleibt einem die Geschichte dicht auf den Fersen, wenn zum Bœuf bourguignon ein rot leuchtender Burgunder kredenzt wird – den ließen sich nämlich schon die französischen Könige an den Hof nach Versailles bringen.

Lage und Landschaft

Im Unterschied zu manch anderen Regionen des Landes bildet ausgerechnet das geografische Herz Frankreichs keine in sich geschlossene Einheit,

Blick von der Falaise de Solutré (Mâconnais) auf burgundisches Bauernland

sondern einen bunten Flickenteppich unterschiedlicher Landschaften, bestehend aus Ebenen, Tälern, Hügeln und Bergen. Mit einer Fläche von knapp 32 000 km² ist Burgund etwa so groß wie Belgien. Im Norden markieren die Champagne, im Osten Savoyen und die Franche-Comté, im Süden Beaujolais und Lyonnais sowie im Westen das Tal der Loire die Grenzen von Burgund.

Wie eine natürliche Festung baut sich im Zentrum mit dem urwüchsigen Morvan ein von tiefen Tälern zerfurchter Gebirgssockel auf. Es handelt sich um einen Ausläufer des französischen Zentralmassivs aus kristallinen Urgesteinen wie Granit, Porphyr und Gneis. Verständlich, dass sich diese Böden für die Landwirtschaft nur äußerst bedingt eignen.

Zu den höchsten Erhebungen zählen der Haut-Folin (901 m), Mont Préneley (855 m) und Mont Beuvray (821 m). Zwei niedrigere Bergzüge verlaufen in Nord-Süd-Richtung parallel zur Saônesenke, nämlich die durch ihre Weine weithin bekannte Côte d'Or sowie das Mâconnais, das die Verbindung zum weiter südlich gelegenen Beaujolais herstellt.

Obwohl am östlichen Rand der Region gelegen, bildet die Saônesenke zusammen mit der Kalksteinhochebene Côte d'Or zwischen der Hauptstadt Dijon und dem Landstädtchen Autun den historischen Kern Burgunds. Im so genannten Dijonnais sind alle Landschaftsformen vertreten, sodass sich diese Ecke für eine erste Annäherung bestens eignet.

Wem fällt in dieser stark kultivierten Gegend schon auf, dass sie zu fast einem Drittel aus dichten Wäldern be-

Ländliche Idylle

Längst hat die ländlich-bäuerliche Wirklichkeit den Landstrich eingeholt mit weißen Charolais-Rindern auf den Weiden, schwitzenden Winzern in den Weinbergen und ambulanten Metzgereien, die das städtische Konsumangebot auf vier Rädern in die Dörfer karren.

steht. Und genau in diesem etwas unheimlichen, verwunschenen Morvan trieben die Helden aus Sagen und Legenden ihr Unwesen. »Morvan« leitet sich aus dem Keltischen ab und bedeutet »schwarzer Berg«. In diesem zerklüfteten Zentrum entspringen Flüsse wie Yonne, Cure, Cousin und Serein, die sich ihren Weg Richtung Norden bahnen. Arroux, Bourbince und Arronce entwässern entweder zur Loire oder in den Ouche. Dheune und Grosne münden in die Saône, den größten Nebenfluss der Rhône. Im zentralen Norden von Burgund liegt auf dem Plateau de Langres das Quellgebiet der Seine, die über Paris in den Atlantik fließt. Aber auch Armançon und Ozerain haben den Atlantik zum Ziel, nur beginnen sie ihren Weg dort-

Schleusenhüpfen ohne Führerschein

Es kann schon sein, dass es dem selbst ernannten Kanalschiffer zu Beginn seiner Fahrt ein bisschen mulmig wird, wenn der bullernde Dieselmotor den Kahn nach dem Kommando »Leinen los!« von der Pier wegschiebt. Die vorgeschriebene Höchstgeschwindigkeit von acht Stundenkilometern wirkt sich dann allerdings genauso beruhigend auf die Psyche aus wie die Tatsache, dass man von Radlern auf dem Treidelpfad mühelos überholt wird.

Aber 558 Schleusen allein in Burgund! Theoretisch könnte diese Zahl bei Dünnhäutigen selbst noch nach den detaillierten Einweisungen durch den Vermieter Skepsis auslösen. Aber nach einem Dutzend Schleusenpassagen geht die Technik locker von der Hand, und nach halb acht am Abend bewegt sich »schleusenmäßig« sowieso nichts mehr.

Künstliche Wasserstraßen gibt es in Burgund genug. Der Rhein-Rhône-Kanal verbindet Dijon mit dem Rhein; der Canal de la Marne à la Saône knüpft die Metropole mit der Marne zusammen. Der zwischen 1775 und 1834 erbaute Canal de Bourgogne schlängelt sich auf 242 km durch die Region, und der zwischen 1783 und 1842 gebaute Canal du Nivernais stellt eine Verbindung zwischen Yonne und Loire her.

Insgesamt bilden Flüsse und Kanäle in Burgund ein über 2000 km langes Netz von Wasserwegen. Wer die himmlische Ruhe des Landlebens genießen und trödeln will, um abzuspannen, eignet sich bestens als Kanalschiffer. Man sollte sich der Tatsache bewusst sein, dass die feuchten Straßen seit dem 18. Jh. nach den Bedürfnissen des Lastentransportes gebaut wurden, damals wurden auf den *Péniches* Baumstämme und Weinfässer nach Paris geschippert. Heute bietet so eine Kanalfahrt die Möglichkeit, Beschaulichkeit mit einem imposanten Kulturprogramm zu kombinieren. Man muss sich nur auf sein Rad schwingen und einige Kilometer in die nächste Stadt fahren.

Informationsmaterial zu diesem Urlaubsvergnügen erhält man beim Französischen Fremdenverkehrsamt (s. S. 100).

Zu den geruhsamsten Urlaubserlebnissen gehört die Fahrt mit dem Hausboot

Fotografen und Maler lieben das Motiv

hin hoch oben auf der von mehreren Tälern aufgespaltenen Kalkebene von Auxois.

Klima und Reisezeit

Die Region besitzt ein Festlandklima mit ausgeprägten Jahreszeiten. Während die Sommer so heiß werden können, dass sich zur Abkühlung einer der vielen Seen oder Wanderungen zu den luftigen Höhen des Morvan anbieten, kann der Winter so grimmig werden, dass man auf eine innere Erwärmung mit einem guten Tropfen angewiesen ist. Das Wetter zieht meist von Westen her, und wenn die mit Nässe voll gesogenen Wolken auf dem Weg vom Atlantik an den höchsten Erhebungen des Morvan hängen bleiben, kann ein ausgiebiger Landregen entstehen.

Im südlichen Département Saône-et-Loire bringt sich das Frühjahr meist schon Ende Februar auf wahrlich mediterrane Weise mit blühender Vegetation und warmen Temperaturen in Erinnerung. Durch das breite Rhônetal strömt der Lenz mühelos von der Mittelmeerküste über Lyon hinaus nach Norden, wo im März die Cafébesitzer in Mâcon Tische und Stühle in die Sonne rücken. Um dieselbe Zeit kann es im gebirgigen Zentrum noch so kalt sein, dass der Raureif die Wiesen am Morgen überzieht.

Burgund bietet sich das ganze Jahr über als Reiseziel an. Selbst im tiefsten Winter absolvieren abgehärtete Naturen Besichtigungsreisen etwa durch Kirchen, Klöster, Burgen und Schlösser, was zugegebenermaßen in der warmen Jahreszeit mehr Spaß macht. Hauptsaison ist der Herbst, auch wenn im goldenen Oktober zusammen mit den Monaten Mai und Ju-

Klima und Reisezeit

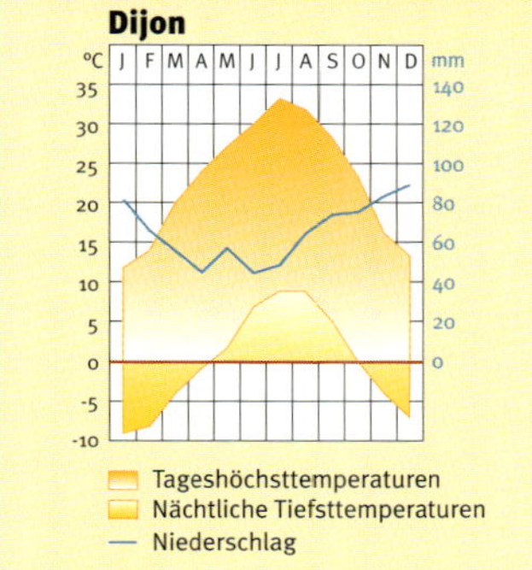

ni statistisch gesehen die meisten Niederschläge fallen. Gerade zu dieser Zeit beginnen sich aber die Blätter der Rebstöcke und Laubbäume prächtig zu verfärben. Jetzt zählen die Winzer die »Summe des Jahres« zusammen, ernten die kostbaren Schätze ihrer Weingärten. An der Côte d'Or, im Chalonnais, Mâconnais und Chablis herrscht emsige Geschäftigkeit.

Natur und Umwelt

Weinberge und Seen

Wer eine Rundfahrt durch Burgund in Dijon beginnt und sich nach Süden wendet, könnte auf den irrigen Gedanken kommen, dass in der Region kein Quadratmeter mit Rebenbepflanzung ausgelassen wurde. Zwar wird der größte Teil des Landes in der Tat landwirtschaftlich genutzt, aber durchaus nicht für den Weinbau allein. Noch immer verfügen die vier burgundischen Verwaltungseinheiten über weite naturbelassene Flächen, hauptsächlich im Bergland des Morvan.

Dort entspringen außerdem über 1000 Quellen. Einige von ihnen speisen die größeren Flüsse und Seen, andere wurden, wie z. B. der Lac des Settons, künstlich aufgestaut. Er hat sich nicht nur zu einem beliebten Freizeitparadies entwickelt, sondern gewährleistet außerdem die Trinkwasserversorgung weiter Gebiete und reguliert in Trockenzeiten zusammen mit weiteren Stauseen den Wasserstand diverser Flüsse.

Naturwunder: Höhlen

Zu den Naturwundern der Region zählen die Höhlensysteme (s. S. 31), die es an unterschiedlichen Stellen gibt. Die bekanntesten sind die etwa 6 km langen Grottes d'Arcy in der Nähe von Vézelay, wo sich das Flüsschen Cure in Millionen von Jahren durch die Kalkschichten grub. Attraktion dieser Unterwelt ist die Grande Grotte mit bizarren Tropfsteingebilden und einem See. Ins Reich der Stalagmiten und Stalaktiten führt ebenfalls der Abstieg in die Grottes de Blanot nordöstlich von Cluny, die ebenso wie die Höhlen von Arcy zeitweise bewohnt waren.

Parc Naturel Régional du Morvan

Diese Seen liegen inmitten des 1970 gegründeten Parc Naturel Régional du Morvan, der sich über eine Fläche von mehr als 1700 km² ausdehnt. Bei seiner Gründung stand nicht einzig und allein der Naturschutz im Vordergrund, sondern Überlegungen, einem ansonsten strukturschwachen, von rund 35 000 Menschen bewohnten Gebiet wirtschaftliche Impulse durch den wachsenden Tourismus sowie land- und forstwirtschaftliche Maßnahmen geben zu wollen. Große Teile der Parklandschaft sind von Wiesen, Weiden mit Hecken und Wäldern aus Laub- und Nadelhölzern bedeckt, wo sich Efeu die Stämme hinaufrankt und auf lichteren Flächen Scharbockskraut, weiße und blaue Hundsveilchen und Hahnenfuß gedeihen, während sich die Berghänge mit lilafarbenen Küchenschellen schmücken. Rehwild, Dachse, Füchse, Hasen, Wildkaninchen und Nager kreuzen die Wanderwege. In den Seen und Flüssen kommen Forellen, Karpfen, Hechte und Zander vor und über den Baumwipfeln

Rote Klatschmohnfelder leuchten im Frühsommer rund um Dijon

ziehen Sperber, Habichte, Bussarde, Wanderfalken und andere Greifvögel ihre Kreise am Himmel. Dass auf burgundischen Speisekarten häufig Pilze auftauchen, verdanken die Köche hauptsächlich dem Morvan, wo Austernseitlinge und Steinpilze, Pfifferlinge und Morcheln wachsen.

Eine echte Herausforderung für Felskletterer bilden die Rochers de Saussois. Sie sind vom Canal du Nivernais nur durch die Autostraße und eine Häuserzeile getrennt.

Bevölkerung und Religion

Problem Landflucht

In Frankreich weisen nur Korsika und das Limousin eine geringere Bevölkerungsdichte auf als Burgund. In dieser Region werden 51 Einwohner pro Quadratkilometer gezählt (Frankreich: 104 Einw./km²). Leben im nationalen Vergleich immerhin noch 26 % der Franzosen auf dem Lande, trifft dies in Burgund auf fast die Hälfte der Bevölkerung zu. So betrachtet, gilt die Region zu Recht als tiefste Provinz, worüber sich weder Winzer noch Viehzüchter, weder Holzfäller noch Getreidebauern aufregen. Schon gar nicht im Département Nièvre, dem am dünnsten besiedelten Teil, der gewissermaßen die Provinz in der Provinz bildet. Sie litt in den letzten Jahrzehnten am stärksten durch den Aderlass der Landflucht, weil es vor allem im östlichen, zum Morvan gehörenden Gebiet kaum Beschäftigungsmöglichkeiten gibt und sich viele Menschen ein Auskommen in anderen Landesteilen suchen mussten.

Zentrum Dijon

Im Vergleich zum strukturschwachen Nièvre, wo es außer in Nevers kaum Industrie gibt, ist die Côte d'Or nicht nur reich, sondern entspricht mit Dijon am ehesten einem urbanen Zentrum. Gleichwohl ist die Stadt kein vor Industrie- und Autoabgasen qualmender Moloch, sondern eine in wertvolles Tuch gekleidete, kulturbeflissene Aristokratin, weltlichen Genüssen ebenso zugetan wie den schönen Künsten. Kein Wunder also, dass die Hauptstadt eine demographische Ausnahme bildet, eine städtische Minderheit inmitten einer heute noch von vielen Traditionen geprägten ländlichen Bevölkerung. Übrigens werden die Menschen dieser Region älter als sonst im Land; 22 % (Frankreich 19 %) sind über 65 Jahre.

Industriestandorte

Tradition hat in Burgund eine extrem ungleichmäßige Verteilung industrieller Standorte, was wiederum die unterschiedliche Bevölkerungsdichte der einzelnen Départements erklärt.

Als im 19. Jh. die Industrialisierung der Region begann, löste dies einen verstärkten Zuzug fremder Arbeitskräfte aus. Um 1881 stieg die Bevölkerungszahl auf 1,76 Millionen, 150 000 Menschen mehr als heute. Über die Zeit der beiden Weltkriege hinaus sank die Ziffer stetig und erreichte 1945–1950 ihren Tiefstand, ehe sich die Einwohnerzahl langsam und ebenso stetig bis auf den heutigen Stand von 1,61 Millionen eingepegelt hat.

Vorwiegend Katholiken

In den bedeutenden Klosterorten der Region wie etwa Cluny oder Paray-le-Monial drängt sich förmlich der Eindruck auf, dass die Bevölkerung Burgunds ausschließlich aus streng gläubigen Katholiken besteht.

Das lässt sich bei genauerer Sicht aber nicht bestätigen. Im Charolais besitzt der Katholizismus zwar in der Tat eine lange Tradition und die Men-

Burgundische VIPs

Niemand hat in Burgund mehr unter der Missachtung seiner genialen Erfinderpersönlichkeit gelitten als **Nicéphore Niepce** (1765–1833). Weder die Welt, geschweige denn seine Geburtsstadt Chalon-sur-Saône würdigte seine Arbeit. Immerhin benötigte der Tüftler zehn Jahre seines Lebens, ehe seine erfolgreiche Versuchsanordnung stand. Sein Verdienst bestand darin, dass es ihm 1822 als Erstem gelang, mit einer Camera obscura aufgenommene Gegenstände auf lichtempfindlichen Bitumenschichten zu fixieren. Die bahnbrechende Pioniertat wurde zwar nach seinem Erfinder Niepcotypie benannt, aber niemand würdigte die Genialität seiner Arbeit. Mehr noch, sie bedeutete für ihn und seine Familie den finanziellen Ruin. Der Niedergang ließ sich auch nicht mehr dadurch aufhalten, dass sich Niepce mit dem Maler **Louis Daguerre** zusammentat, dem schließlich mit seiner Daguerreotypie der fotografische Durchbruch gelang.

Unter den burgundischen Prominenten der schreibenden Zunft besitzt **Alphonse de Lamartine** (1790–1869) aus Mâcon zumindest in Frankreich einen klingenden Namen. Liebeskummer motivierte den jungen Dichter, seine Enttäuschungen und Sehnsüchte in Verse zu fassen, mit denen er am Ende zum Wegbereiter der französischen Romantik wurde. Im Jahr 1821 machte er einen Abstecher in die Politik und arbeitete als Botschaftssekretär in Italien, ehe er zu Beginn der dreißiger Jahre in die französische Nationalversammlung gewählt wurde und schließlich sogar zum Außenminister aufstieg. In späteren Jahren besann er sich wieder auf das Schreiben und starb 1869 bei Paris.

Drei Jahre vor Lamartines Tod kam im hübschen Städtchen Clamecy im Tal der Yonne **Romain Rolland** (1866–1944) zur Welt. In einigen seiner Romane verarbeitete er die Biografien von Berühmtheiten wie Beethoven, Händel, Tolstoi und Michelangelo.

Schon vor Ausbruch des Ersten Weltkrieges trat er vehement gegen nationalistische und chauvinistische Ideen an und versuchte, die Regierungen mit pazifistischen Aufrufen zur Versöhnung zu bringen. Im Jahre 1938 zog Rolland nach Vézelay um, wo er sein Revolutionsdrama »Robespierre« vollendete und die letzten Jahre seines Lebens verbrachte, ehe er 1944 starb.

Sidonie-Gabrielle Colette (1873 bis 1954) wurde in der Puisaye im nordwestlichen Burgund geboren und wuchs in dieser bäuerlichen Provinz auf, die in starkem Kontrast zu ihrem späteren Leben gestanden haben muss.

Colette verfasste einige Frauenromane, wurde aber vor allem durch ihre frivol-spritzigen »Claudine«-Geschichten bekannt, in deren Mittelpunkt Liebesbeziehungen und daraus entstehende Konflikte standen.

Weinanbau ist noch viel Handarbeit, doch gerade in Burgund wird die Mühe belohnt

schen gehen sonntags zur Messe, wogegen sich im Département Yonne die römisch-katholische Amtskirche mit der stark antiklerikalen Einstellung der Bevölkerung konfrontiert sieht.

Tradition und Brauchtum

In Burgund ist die Zeit in den letzten 200 Jahren ebenso wenig stehen geblieben wie anderswo in Frankreich. Heute passt die Maschine eher ins gängige Bild der Winzerei als der Zigaretten qualmende Baskenmützenträger, der in mühevoller Arbeit mit der Hacke seinen Weinberg bearbeitet. Trotz vieler moderner Einflüsse haben Tradition und Brauchtum noch immer ihren festen Platz.

Wahrscheinlich gehen einige Bräuche auf die Kelten zurück. Im Laufe der Zeit wurden sie wie vielerorts in abgewandelter Form fest in den Ablauf des Kirchenjahrs integriert: So werden zum Beispiel in einigen Gegenden zum Schutz gegen die allgegenwärtigen gefürchteten bösen Geister im Frühjahr Reisigbündel gegen die Türen gelehnt oder bei Umzügen die Häuser mit Suppe besprengt.

Zum Brauchtum gehören natürlich auch die burgundischen Feste, unter denen Les Trois Glorieuses (»Die glorreichen Drei«) eine besondere Rolle spielen (s. S. 26).

Ursprünglich feierte die Bevölkerung damit die Julirevolution von 1830, doch entwickelten sich daraus im Laufe der Zeit drei Weinfeste, die am Ende der Weinlese vergnügt gefeiert werden.

Sie finden alle am letzten Wochenende im November statt: Im Clos de Vougeot feiert am Samstag der Orden der Chevaliers du Tastevin seine Kapitelsitzung, gefolgt von der Auktion der Hospizweine in Beaune am Sonntag. Den krönenden Abschluss der Festivitäten bildet am Montag das Weinfest La Paulée in Meursault an der Route des Grands Crus.

Wirtschaft

Landwirtschaft

Genauso wenig wie Burgund landschaftlich eine Einheit bildet, stellt es sich wirtschaftlich homogen dar. Und eben darin sehen viele Ökonomen die Ursache für eine Reihe regionaler Probleme. Das südliche Burgund mit Mâcon orientiert sich hauptsächlich zum Ballungsraum Lyon, der nur 70 km entfernt liegt. Vor allem in den nördlichen Landesteilen wirft man eher neidische Blicke auf den Großraum Paris. Überwiegend landwirtschaftlich geprägt, spielt neben Ackerbau (Getreide), Viehzucht (Spezialität sind die weißen Charolais-Rinder) und Holzwirtschaft vor allem der Weinbau eine bedeutende Rolle. Von einer agrarischen Nutzfläche von 2 Mio. ha dienten 1999 450 000 ha dem Getreideanbau, 200 000 ha dem Anbau von Raps, auf 60 000 ha wurde Viehfutter produziert und auf 28 200 ha Wein. Der Rest entfiel auf Weide- und Waldwirtschaft.

Obwohl in der Region die Rebflächen nur etwa ein Drittel so groß sind wie etwa in Bordeaux, besitzen Burgunderweine weltweit einen klangvollen Namen – was sie nicht allein ihrer unbestreitbaren Qualität, sondern auch der geschickten Vermarktung verdanken. Von der Rekordproduktion in Höhe von 1,79 Hektolitern im Jahr 1999 wurde gut die Hälfte ins europäische Ausland und nach Übersee, vor allem die USA, exportiert. Der Weinbau beschränkt sich auf einen lang gezogenen, schmalen Streifen, der etwa 150 km südöstlich von Paris beginnt und sich bis etwa 60 km nördlich von Lyon erstreckt. Dieser Abschnitt umfasst fünf Gebiete: Chablis, Côte d'Or, Chalonnais, Mâconnais und Beaujolais, von dem nur ein kleiner Teil im Département Saône-et-Loire liegt, während der größere »Rest« zum Département Rhône gehört.

Industrie

In den ca. 4 880 Industriebetrieben der gesamten Region standen im Jahr 2000 rund 39 % der arbeitenden Bevölkerung in Lohn und Brot. Den Hauptanteil machen feinmechanische und Metall verarbeitende Betriebe, Automobilindustrie sowie Elektro- und Elektronikindustrie aus. Die burgundischen Industriestandorte wurden in den vergangenen Jahren und Jahrzehnten von wiederholten Strukturkrisen geschüttelt. Im verhältnismäßig jungen Revier um Le Creusot begann ein vielschichtiger Schrumpfungs- und Umstrukturierungsprozess, der viele Menschen den Job kostete. Die Arbeitslosigkeit bewegte sich im Jahr 2000 in Burgund um etwa 9 %, was etwa der Rate für ganz Frankreich entspricht.

Verwaltung

Burgund ist administrativ in die vier Départements Côte d'Or, Saône-et-Loire, Nièvre und Yonne aufgeteilt. Diese Verwaltungseinheiten wiederum sind in 15 Landkreise (Arrondissements), 174 Kantone bzw. 2044 Gemeinden unterteilt.

Steckbrief

Départements: Côte d Or, Saône-et-Loire, Nièvre und Yonne.
Fläche: 31 600 km², das entspricht in etwa etwa 6 % der französischen Staatsfläche.
Bevölkerung: 1,61 Mio. (2000).
Höchster Punkt: Mont du Roi im Morvan, 902 m.
Größte Städte (2000): Dijon 154 000 Einw.; Ballungsgebiet 245 000.
Chalon-sur-Saône 75 500 Einw.
Nevers 57 700 Einw.
Auxerre 41 000 Einw.
Mâcon 46 700 Einw.
Le Creusot 38 800 Einw.

Geschichte im Überblick

Um 20 000 v. Chr. Die Steinwerkzeuge von Solutré belegen eine Besiedlung um diese Zeit.
52 v. Chr. Cäsar besiegt die Truppen des Avernerkönigs Vercingetorix bei Alesia.
15 v. Chr. Die Römer gründen die Siedlung Augustodunum, das spätere Autun.
Um 275 Alemannen- und Frankeneinfälle beenden die relativ friedliche Epoche der römischen Herrschaft.
Um 300 Das Christentum fasst Fuß.
407 Ostgermanische Burgunder dringen über den Rhein vor.
534 Burgund wird Teil des fränkischen Merowingerreichs.
9. Jh. Im Zuge des Zerfalls des Frankenreichs entstehen die Königreiche Nieder- und Hochburgund.
910 Wilhelm von Aquitanien gründet die Benediktinerabtei Cluny.
1016 Dijon fällt nach dem Verkauf durch den Bischof von Langres an Burgund.
1346 Beginn des Hundertjährigen Krieges. Das englische Königshaus beansprucht die französische Krone. Burgund sympathisiert mit England.
1361 Mit Philipp von Rouvres stirbt die Linie der Kapetingerherzöge in Burgund aus.
1363 Beginn der Herrschaft der vier »großen Herzöge« vom Geschlecht der Valois. Burgund steigt zur europäischen Territorialmacht auf.
1384 Philipp der Kühne erbt Flandern und die Freigrafschaft Burgund.
1419 Ermordung von Johann Ohnefurcht durch Anhänger des französischen Thronfolgers.
1430 Burgundische Truppen ergreifen bei Compiègne Jeanne d'Arc und liefern sie den Engländern aus.
1419–1467 Philipp der Gute herrscht über Burgund.
1467–1477 Regierungszeit von Karl dem Kühnen.
1477 Das Herzogtum Burgund wird nach der Niederlage gegen die vereinten Truppen von Louis XI eine Provinz Frankreichs.
In der Entscheidungsschlacht bei Nancy fällt Karl der Kühne.
1562–1601 Religionskriege zwischen Katholiken und Protestanten.
1631–1789 Burgund steht unter der Herrschaft der Prinzen des Hauses Condé, die als Gouverneure amtieren.
1791 Aufteilung der bisherigen Provinz Burgund in die drei Départements Côte d'Or, Chalon-sur-Saône und Yonne. Neu kommt die bisherige Grafschaft Nivernais als Département Nièvre hinzu.
1851 Fertigstellung der Bahnlinie Paris–Dijon.
1878 Die Reblausseuche vernichtet die burgundischen Weinkulturen.
1899–1901 Streiks im Industrierevier Le Creusot und Montceau-les-Mines.
1940–1944 Deutsche Besatzung.
1954 Tod der aus der Puisaye stammenden Schriftstellerin Colette.
1972 Bildung der Region Burgund als eine von 22 französischen Regionen.
1983 Eröffnung der Strecke des Hochgeschwindigkeitszuges TGV durch Burgund.
2001 Die Abbaye St-Bénigne in Dijon wird 1000 Jahre alt.

Kultur gestern und heute

Spuren der Frühgeschichte

Die Überraschung der Archäologen muss groß gewesen sein, als sie in den Höhlensystemen der Grottes d'Arcy in der Nähe von Vézelay bearbeitete Knochen und Steine fanden, die auf eine menschliche Besiedlung schon vor mindestens 100 000 Jahren schließen lassen. Ein noch größeres Echo löste 1953 in einschlägigen Wissenschaftskreisen eine andere sensationelle Entdeckung aus: Damals stieß der Archäologe René Joffroy bei Châtillon-sur-Seine auf die fast vollständig erhaltene Grabkammer aus dem 6. Jh. v. Chr. mit den sterblichen Überresten einer vermutlich keltischen Prinzessin. Zu den kostbaren Grabbeigaben gehört ein kunstvoll verzierter Bronzekessel, die sog. Vase von Vix.

Die gallo-römische Epoche

Die Romanisierung der Gegend begann nach dem Sieg Cäsars über Vercingetorix bei Alesia. Am Anfang der neuen Epoche stand die Kolonisierung und Christianisierung des keltischen Gallien. Im gleichen Atemzug wurde mit der Gründung von Städten begonnen.

Über 400 Jahre lang durchdrang die römische Kultur das Land. Das geistige, wirtschaftliche, religiöse und nicht zuletzt künstlerische Zentrum war Augustodunum, das heutige Autun. Noch immer erinnern die Reste der beiden Stadttore Porte St-André und Porte d'Arroux sowie ein für 15 000 Besucher gebautes Amphitheater an die ehemalige Bedeutung der Stadt.

Architektur

Romanik

Noch zu Zeiten der Römer begann sich Anfang des 4. Jhs. eine frühchristliche Kunst herauszubilden, die sich im Laufe der Jahrhunderte immer mehr vom römischen Vorbild absetzte, eigene Formen schuf und schließlich die romanische Architektur auf den Weg brachte. Träger und Triebkraft dieser Entwicklung war die Kirche, vor allem der Benediktinerorden, für den im Jahre 910 Wilhelm von Aquitanien das Kloster Cluny gründete. Cluny wurde in der Folge Ausgangspunkt einer grundlegenden Reformbewegung der katholischen Kirche, während der eine Erneuerung des Mönchswesens mit strengeren Ordensregeln Boden gewann. Mit der cluniazensischen Reform brach sich etwa in der Mitte des 10. Jhs. ein frühromanischer Basilikabaustil Bahn. Es entstanden Abteikirchen wie Cluny II sowie die Jahrzehnte jüngere Abteikirche St-Philibert in Tournus und St-Bénigne in Dijon. Sollten diese Bauten in ihrer Schlichtheit den mönchischen Ordensregeln Tribut, so demonstrierte die prunkvolle Monumentalanlage von Cluny III den zunehmenden weltlichen Machtanspruch des Klosters.

Es blieb dem großen Bernhard von Clairvaux vorbehalten, vom 1098 gegründeten Reformkloster Cîteaux aus die romanische Architektur in die asketische Einfachheit zurückzuführen. Beispielloses Hauptwerk dieses Unterfangens ist die Abbaye de Fontenay. Das 1147 geweihte Kloster verzichtet auf jeglichen Bauschmuck, den Bernhard als Teufelswerk betrachtete.

Gotik

Im Zeitalter der Romanik entstand hauptsächlich im südlichen Burgund westlich der Linie Tournus–Mâcon ei-

Fontenay ist ein großartiges Zeugnis zisterziensischer Architektur

ne solche Vielzahl von Kirchen, dass sich der von der Ile-de-France auf das Territorium vordringende gotische Baustil zunächst nur in der nördlichen Hälfte der Region durchsetzen konnte.

Als in den letzten Dekaden des 14. Jhs. der üppige Flamboyantdekor der Spätgotik auch auf Burgund übergriff, geriet die Kunst in der Region gleichzeitig unter den Einfluss der flämischen Meister, die Philipp der Kühne ins Land holen ließ. Architektonische Beispiele sind die damals entstandene Küche des Herzogspalastes in Dijon und das Hôtel-Dieu in Beaune des flämischen Architekten Jacques Wiscrère.

Renaissance

Die wunderschönen Schlösser der Loire galten im 16. Jh. vielen Adeligen in Burgund als Vorlage für Gebäude im Stil der Renaissance. Bekanntlich kamen während der Regierungszeit von François I (1515–1547) italienische Handwerker und Architekten ins Land, die den Renaissancestil beim Bau von vornehmen Bürgerhäusern zunächst noch mit der Gotik verbanden, ehe Schöpfungen im reinen Renaissancestil entstanden. Zu den wenigen Kirchenbauten der Zeit gehört St-Michel

Ein großer Geist des Mittelalters

»Ich trage zwar noch das Kleid eines Mönches, ohne dessen Leben zu führen«, sagte Abt Bernhard von Clairvaux (1090–1153) über sich selbst, ein Eingeständnis, das ihn angesichts der von ihm verfochtenen mönchischen Tugenden hart angekommen sein muss. Um das Jahr 1090 auf Château Fontaine bei Dijon als Kind adeliger Eltern zur Welt gekommen, trat er 1112 in das Zisterzienserkloster Cîteaux ein, das 1098 von Robert de Molesme gegründet worden war. Bereits drei Jahre nach seiner Aufnahme in den Orden schickte man ihn nach Clairvaux in die Champagne. Dort wurde er mit dem Aufbau des Zisterzienserklosters betraut, dessen Namen er annahm. Dieser Gründung sollten über fünf Dutzend weitere folgen, darunter die berühmte Abbaye de Fontenay. Nur wenige Persönlichkeiten des 12. Jhs. prägten die Geschichte Europas so nachdrücklich wie Bernhard, der sich u. a. über den Prunk von Cluny ereiferte und dem seine Prinzipien der Demut und der Askese entgegenstellte.

Nicht nur dem geistlich-religiösen Leben in den Klöstern drückte er seinen Stempel auf. Gleichermaßen einflussreich war er auf der politischen Bühne, auf der er mit Kaisern, Königen und Päpsten verhandelte. Zwei Jahrzehnte nach seinem Tod 1153 wurde er heilig gesprochen.

Der großartige Innenraum der Kathedrale von Sens

in Dijon. Im 18. Jh. entstanden im Stil des Klassizismus in der Hauptstadt Dijon zahlreiche Patrizierhäuser und Residenzen für Parlamentarier. Ein Beispiel ist etwa das Hôtel de Vogüé.

Bildhauerei

Zu den frühesten Werken der burgundischen Bildhauerei gehören die vorromanischen Blattkapitelle in den Krypten von Flavigny-sur-Ozerain und der Kirche St-Germain in Auxerre. Etwas später entstanden dann die mit Tierfratzen und Monsterköpfen verzierten, archaisch wirkenden Blockkapitelle zwischen Krypta und Untergeschoss der Rotunde in der Abteikirche St-Bénigne in Dijon.

Um die Zeit der Romanik stieg die Abtei von Cluny zur Hochburg der europäischen plastischen Kunst auf. Doch fielen leider viele dieser Kunstwerke dem Vandalismus während der Französischen Revolution zum Opfer. Dennoch weisen zahlreiche andere burgundische Sakralbauten dieser Zeit wie etwa die Wallfahrtskirche in Vézelay oder die Kirche St-Lazare in Autun auf den hohen Stand der Bildhauerei hin.

Als Philipp der Kühne Margarete von Flandern heiratete begann eine neue Blütezeit der bildenden Kunst. Der große Herzog beorderte 1381 den Bildhauer Jean de Marville nach Dijon und beauftragte ihn mit den Arbeiten an einem Grabmal. Drei Jahre später kam Marvilles Mitarbeiter Claus Sluter von Brüssel nach Burgund, der 1389 die herzogliche Bildhauerwerkstatt übernahm und sich neben vielen anderen Arbeiten dem Grabmal Philipps bzw. der Kartause von Champmol für die Valois-Herzöge widmete. Erst nach Sluters Tod im Jahre 1405 wurde das Werk von seinem Vetter Claus de Werve vollendet. Der Trauerzug der »Pleurants« am Sockel des Sarkophags von Philipp gehört zusammen mit dem Mosesbrunnen von Champmol zu den herausragenden Werken dieser Gattung.

Im 19. Jh. machte der aus Dijon stammende Bildhauer François Rude (1784–1855) von sich reden, dem seine Heimatstadt im Jahre 1989 ein Museum in der ehemaligen Kathedrale St-Etienne einrichtete.

Malerei

Zu keiner Zeit erreichte die burgundische Malerei die Blüte der regionalen Architektur und Bildhauerei. Schöne Fresken finden sich in den Krypten von St-Germain und St-Etienne in Auxerre. Mit welchen Bildwerken die in der Französischen Revolution zerstörte Abteikirche von Cluny ausgestaltet war, lässt sich nur noch erahnen. Einen Eindruck vom Stil der damals byzantinisch beeinflussten Malerei geben die wahrscheinlich aus dem 12. Jh. stammenden und im 19. Jh. restaurierten Fresken der ehemaligen Prioratskirche in Anzy-le-Duc.

Literatur

Über Jahrhunderte des Mittelalters hinweg bildeten die burgundischen Klöster und Kirchen nicht nur die religiösen, sondern auch die geistig-kulturellen Zentren. Als herausragende Persönlichkeit erwies sich im 12. Jh. der Ordensstifter Bernhard von Clairvaux, der eine ganze Reihe dogmatischer und moraltheologischer Werke sowie Traktate über die Inhalte des wahren Klosterlebens verfasste. Zur gleichen Zeit entstanden Versdichtungen, in deren Mittelpunkt das Leben der Ritter stand, sowie Chroniken, die von Geschichtsschreibern der »großen Herzöge« wie Commynes und Olivier de la Manche zu Papier gebracht wurden.

Berühmt-berüchtigt ob seiner scharfzüngigen Trauerreden für hoch gestellte Persönlichkeiten war im 17. Jh. der Theologe Jacques-Bénigne Bossuet (1627–1704) aus Dijon.

Unter den nachfolgenden Literaten erlangten vor allem Alphonse de Lamartine (1790–1869), Romain Rolland (1866–1944) und Sidonie-Gabrielle Colette (1873–1954) über die Grenzen der Region hinaus Bedeutung.

Feste & Veranstaltungen

Januar: Fest des hl. Vincent mit Prozessionen zu Ehren des Schutzpatrons der Winzer jeweils am Samstag nach dem 22. Januar in vielen Gemeinden der Côte d'Or.
Februar: Ausgelassener Karneval mit Umzügen und Bällen in Chalon-sur-Saône, Auxonne und Châtillon-sur-Seine.
März: Weinversteigerung in Nuits-St-Georges (eventuell auch erst im April).
Mai: Trabrennen mit Volksfest in Semur-en-Auxois; Weinmesse in Mâcon; Motorradrennen in Magny-Cours.
Juni: Klassische Musiktage in Dijon; Sacré-Cœur-Wallfahrt in Paray-le-Monial; Wallfahrt und Flussschifferfest in St-Jean-de-Losne; Internationales Musikfest in Beaune.
Juli: Schifferstechen auf der Yonne in Clamecy; Gaukler- und Spielerfest in Chalon-sur-Saône; Licht-und-Ton-Show im Château von St-Fargeau (bis August); Chorsängertreffen in Autun; historische Magdalenen-Wallfahrt in Vézelay.
August: Weißwurst- und Weinfest in Clamecy; historisches Fest in der römischen Arena in Autun; Musik- und Theaterfestival in Semur-en-Auxois; Charolais-Fest in Saulieu.
September: Internationales Folklorefest in Dijon; historische Wallfahrt in Alise-Ste-Reine.
Oktober: Heißluftballontreffen in Auxerre; Wallfahrt der hl. Marguerite-Marie.
November: Internationale gastronomische Messe in Dijon; »Die glorreichen Drei« (bekannteste Weinfeste in Burgund); Weinfest in Chablis; Jazzfestival in Nevers.
Dezember: Weihnachtsmärkte in zahlreichen Ortschaften und Städten.

Essen und Trinken

Der Küche Burgunds kommt in Frankreich unbestreitbar eine Führungsrolle zu. Kir royal, Weinbergschnecken in Blätterteig, Bœuf bourguignon, Bresse-Hühner vom Grill, das mögen zwar keine ausgefuchsten Kreationen aus dem letzten Kapitel der Nouvelle Cuisine sein, aber gute Küche mit Zutaten höchster Qualität. Dabei geht es in der Regel eher um Bodenständiges als um Raffiniertes, was auch besser zur bäuerlichen Mentalität der Menschen dieserRegion passt.

Im Land des Apéritifs

»Köstlicher samtiger, warmer und süßer Likör, der nach einem Schuss von vulkanischem Burgunder in den Gaumen einen Ton von Süßigkeit setzt wie ein Moll-Triller, der eine Bach-Fuge abschließt.« Wenn Feinschmecker, wie die Herzogin von Clermont-Tonnerre in ihrem »Almanach der guten Speisen« aus dem 17. Jh., solche Vergleiche bemühen, um einen Apéritif zu beschreiben, muss es sich schon um eine etwas außergewöhnliche Gaumenfreude handeln. Wahrscheinlich war die Erfindung dieses Appetitanregers dem Umstand zuzuschreiben, dass damals die Tischweine in den einfachen Schenken etwas sauer gerieten. Weiterhin hält sich die Kolportagegeschichte von Felix Kir, dem Oberbürgermeister von Dijon. Berühmtheit erlangte er als angeblicher Namensgeber des Mischgetränks Kir.

Die Mischung macht's

Ein echter Kir besteht in Dijon aus einem Anteil von 1/8 bis 1/3 des schwarzen Johannisbeerlikörs Cassis und einem trockenen Aligoté-Weißwein. Ein Kir royal verwendet statt Weißwein einen *Crémant de Bourgogne,* einen Schaumwein, der als Apéritif gerne pur getrunken wird.

Burgundische Gaumenfreuden

Natürlich haben die Fast-Food-Ketten die Provinz erobert, doch konnten sich die burgundischen Aufrechten bis zur Stunde im Widerstand gegen die internationale Junk-Food-Front ganz wacker schlagen. Diesen Eindruck vermitteln jedenfalls viele Restaurants der Region. Ihre Speisekarten lesen sich noch wie Menüvorschläge und nicht wie die in gestelztem Französisch abgefassten Kapitulationserklärungen. Zu den angenehmen Seiten der Gastronomie zählt, dass sie sich vorwiegend auf ihre eigenen Rohstoffe verlässt: Sie beginnt bei Süßwasserkrebsen aus Bächen und Flüssen im Morvan, erwähnt die gesunden Forellen und Karpfen der Seen, nennt die Steinpilze und Esskastanien, die in den wildreichen Wäldern zu finden sind, ganz abgesehen von den Charolais-Rindern, die wie weiße Tupfen auf den Weiden stehen und ein mageres zartes Fleisch liefern. Die Bauernmärkte mit ihrem saisonalen Riesenangebot demonstrieren in bunten Farben und mannigfaltigen Gerüchen, was an Ressourcen den Weg in die burgundischen Küchen findet.

Vorspeisen

Als Vorspeise reichen burgundische Köche Schinken in Petersiliensülze *(jambon persillé)* mit einer Sauce aus

Etwas Besonderes: Honig aus Burgund

Das berühmte Restaurant »La Côte St-Jacques« in Joigny (S. 84)

Rahm und Wein, einen Salat mit Weinbergschnecken und *croutons* oder *andouillettes,* Würste aus Kalbsinnereien. Sehr schmackhaft ist die burgundische Fischsuppe *(pôchouse).* Sie besteht meist aus einem Ragout unterschiedlichster Fischarten, wie etwa Hecht, Aal, Karpfen, Schleie und Barsch, das in einem trockenen Aligoté langsam geköchelt wird. Auf der Suppe schwimmt in Knoblauch geröstetes Brot.

Hauptgerichte

Als Fischgericht kommt häufig Karpfen auf den Tisch, etwa in Weinsauce *(meurette),* wozu ein junger Wein am besten passt. Auch auf Burgunderart gebacken schmeckt der Karpfen vorzüglich *(carpe gratinée).*

Bei den Fleischgerichten zeigen die Köche, dass sich die Weine der Region nicht nur zum Trinken, sondern auch zum Kochen bestens eignen. Der schon legendäre Burgunderbraten *(bœuf bourguignon)* stammt natürlich vom Charolais-Rind und wird in rotem Burgunder zusammen mit Möhren, Zwiebeln, magerem Speck, Champignons und Butter mindestens drei Stunden lang geschmort.

Aus der Bresse, die bis zur Französischen Revolution zu Burgund gehörte, kommen die begehrten Bresse-Hühner, deren Vermarktung seit 1919 eine kontrollierte Herkunftsbezeichnung wie etwa beim Wein voraussetzt. Eine opulente Mahlzeit gibt dieses Geflügel als *Poulet à la Crème* ab. In einzelne Teile zerlegt, wird das Fleisch mit Zwiebeln und trockenem Weißwein langsam gegart. Die Flüssigkeit gießt man vor dem Servieren ab und gibt einen Becher mit Eigelb vermischte Crème fraîche hinzu: Kein Gaumenschmaus für Kalorienverächter!

Desserts

Für den Abschluss-Gang des Menüs bieten sich über zwei Dutzend Käsesorten der Region an. Berühmt sind etwa *Ami du Chambertin, Epoisses* und *Cîteaux* sowie die aus Ziegenmilch produzierten *Mâcon* und *Bouton de culotte* (»Hosenknopf«), die ihre Herkunft weder im Geschmack noch im Geruch verleugnen können.

Um Süßigkeiten zum Dessert ist Burgund nicht verlegen. Ein Himbeersorbet beispielsweise rundet eine Mahlzeit wunderbar ab. Etwas fülliger kommt die Birne *Belle Dijonnaise* auf den Tisch – in Vanillesirup pochiert mit Himbeeren, Cassis-Eis und gebrannten Mandeln.

Die großen Weine

Aus Trauben gekelterter Wein ist der Menschheit vermutlich schon seit 5000 Jahren bekannt. Später machten sich vor allem die Mönche etwa des Klosters Cluny und die späteren Zisterzienser um den Weinbau verdient. Sie zogen nicht nur selbst Reben, sondern gaben ihr Wissen an die Bauern im Umkreis ihrer Klöster weiter. Auf diese Weise weitete sich die Kulturfläche immer mehr aus, bis die Katastrophe in Form der importierten Reblaus nicht nur über die burgundischen Weingärten hereinbrach. Mit amerikanischen Reben war ein Parasit namens Reblaus nach Europa eingeschleppt worden, der nach und nach alle Anbaugebiete vernichtete. Zum Glück machten die Winzer eine rettende Entdeckung. Da sich Wurzelstöcke amerikanischer Reben als immun gegen den Parasit erwiesen, eigneten sie sich zum Aufpfropfen europäischer Reben.

Das burgundische Weinbaugebiet besteht aus fünf teils voneinander getrennten Zonen. Es beginnt im Norden im Département Yonne mit **Chablis,** das sowohl wegen seines Klimas als auch wegen seiner stark kalkhaltigen Böden eher der Champagne ähnelt. Die Chabils-Weine des werden aus Chardonnay-Trauben gekeltert.

Das bekannteste Anbaugebiet ist die **Côte d'Or,** ein etwa 50 km langer Streifen an den Hängen westlich des Saônetals. Hier dominieren kraftvolle, tieffarbene Rotweine, die das Farbenspektrum um den Begriff Burgunderrot bereicherten und erst nach Jahren ihr volles Bukett entfalten. Lagen wie Chambertin-Clos de Bèze, Mazoyères-Chambertin und Mazis-Chambertin, die alle Grand-Cru-Status besitzen, stürzen Weinkenner in Verzückung und Käufer in Entsetzen, wenn sie die Preise erfahren.

Mit dem südlichen Ende der Côte d'Or beginnt das **Chalonnais,** das nach der Stadt Chalon-sur-Saône benannt ist. In diesem Gebiet wird der Aligoté angebaut, ein trockener Weißwein.

Den Weinbau im Gebiet **Mâconnais** brachten hauptsächlich die Benediktinermönche von Cluny voran, die schon vor der ersten Jahrtausendwende die ersten Kulturen anlegten. Der am weitesten verbreitete Rotwein ist heute der Mâcon supérieur.

Den südlichen Abschluss der burgundischen Weinregion bildet ein relativ kleiner Teil des **Beaujolais,** das überwiegend außerhalb von Burgund liegt. Doch gilt unter Kennern der burgundische Anteil mit seinen Granitböden als der wertvollste, weil die dortigen Weine, wie etwa die aus der Gamayrebe, den vollsten und charmantesten Geschmack entwickeln. Im Spätherbst gerät der bekannte Beaujolais Primeur alljährlich als Medienereignis in die Schlagzeilen. Am dritten Donnerstag im November wird der frisch vergorene Wein freigegeben und sofort in alle Welt transportiert.

Urlaub aktiv

Heißluftballon

Eine fantastische Art, die Gegend aus der Vogelperspektive kennen zu lernen, bieten Fahrten mit dem Heißluftballon. Rechtzeitige Reservierung ist unabdingbar.

i **Air Adventures,** Rue du Dessous, 21320 Chailly, Tel. 03 80 90 74 23, Fax 03 80 90 72 86, www.airadventures.fr

▮ **France Montgolfieres,** 6, pl. de la Gare, 89270 Vermenton, Tel 03 86 81 63 70, Fax 03 86 81 64 93, www.franceballoons.com

Bootstouren

Landschaft und Ruhe genießt man bei Ferien auf dem Hausboot (s. S. 10 f.). Die einzelnen Bootstypen für Selbstfahrer (Mindestalter 18 Jahre) sind für 2 bis 12 Personen ausgelegt und werden für Wochenenden (Fr Spätnachmittag bis Mo morgens), für eine Kurzwoche (Mo–Fr), eine normale oder mehrere Wochen vermietet.

Die Benutzung der Schleusen entlang der Kanäle (s. S. 11) ist gratis. In der Regel sind die Schleusenwärter dankbar für eine tatkräftige Unterstützung bei der Betätigung der mechanischen Schleusen. Zumindest dürfen sie ein angemessenes Trinkgeld erwarten. Einige Schleusenwärter bieten Lebensmittel wie Obst, Käse oder andere Standardprodukte zur Grundversorgung an.

i **Bateaux Eldorado,** Quai de la Marine, 89000 Auxerre, Tel./Fax 03 86 52 60 60.

Warum nicht Burgund aus der Vogelperspektive kennen lernen?

Tipp **Ausflugs- und Kreuzfahrten** auf Yonne, Loire, Saône und dem Canal du Nivernais: Tourisaone,1, place d'Armes, BP 93, 21170 St-Jean-de-Losne, Tel. 03 80 39 22 61, Fax 03 80 39 22 04.

Für Hobbyköche

Möchte man französische Küche auch nach dem Urlaub genießen, lässt sich das nötige Wissen vor Ort erwerben:

▮ **Kochschule La Varenne,** Château du Fey, 89 300 Villecien (Département Yonne), Tel. 03 86-63 18 34, Fax 03 86 63 01 33. Eine Filiale der Pariser Ecole de Cuisine La Varenne der Kochbuchautorin Anne Willan. (Kurse nur in englischer Sprache).

▮ **Ecole des Trois Ponts,** Château de Matel, 42300 Roanne (zwischen Mâcon und Lyon), Tel. 04 77 71 53 00, Fax 04 77 70 80 01, E-Mail: ecole @3ponts.edu, www.3ponts.edu. Kurse in französischer Küche verbunden mit Sprachkurs.

▮ **Monsieur et Madame Martin,** La Montagne, rue Izembart,

Sportliche Herausforderung in den Falaises de Cormot (S. 69, Tour 3)

21200 Beaune, Tel. 03 80 25 90 90, Fax 03 80 25 90 99, E-Mail: jlmartin@laterredor.com. Das Ehepaar vermietet Gästezimmer und arrangiert vor Ort u. a. Kochkurse.

Höhlenbesuche

Ein knapp 1 km langer Rundgang führt durch die Tropfsteinhöhlen **Grottes d'Arcy-sur-Cure** im gleichnamigen Ort (Tel. 03 86 81 90 63, Öffnungszeiten: März–Okt. tgl. 9–12, 14–18 Uhr). Die **Grottes d'Azé** in Azé bei Cluny (Tel. 03 85 33 32 23, Öffnungszeiten: April–Sept. 10–12, 14–19 Uhr, Okt. So 10–12, 14–19 Uhr) bestehen aus zwei Teilen. In der ersten Höhle haben prähistorischen Menschen gewohnt, die dort gemachten Funde zeigt das Musée des Grottes. Durch den zweiten Höhlenteil rauscht ein Fluss.

In der Gegend um Cluny liegen die beeindruckenden **Grottes de Blanot** (Tel. 03 85 50 03 59, Öffnungszeiten: Ostern bis Ende Sept. tgl. 9.30–12, 13.30–19 Uhr, Okt. So 14–19 Uhr).

Unterkunft

Viele Häuser, die durch ein blaues Schild mit einem weißen H gekennzeichnet sind, unterliegen der Kontrolle der Direction du Tourisme und werden nach fünf Kategorien klassifiziert. Die Anzahl der Sterne auf dem Schild gibt Auskunft über den Komfort und das Preisniveau. In diesem Reiseführer sind die ersten drei Kategorien unter den Zeichen ❍❍❍, ❍❍ und ❍ zusammengefasst.

Verzeichnis sämtlicher Hotels der Region: **Comité Régional du Tourisme de Bourgogne,** Conseil Régional, BP 1602, 21035 Dijon Cedex, Tel. 03 80 28 02 80, Fax 03 80 28 03 00, www.123france.com/europe/france/bourgogne

Online-Reservierungen

Viele Unterkünfte und Hotelketten lassen sich über das Internet buchen.

- www.abcsnet.com/Gastronomie/listes.htm
- www.lavague.com
- www.cybevasion.com/hotels/france/bourgogne.html
- www.bourgogne-tourisme.com
- www.ibishotel.com/ibis/index.html

Helan Reservations, 21, av. de Suffren, 75007 Paris, Tel. 01 45 67 89 00, Fax 01 45 67 89 01.

Etap und Formule 1

Die Niedrigpreishotels, mit Doppelbett, Einzelbett, Waschbecken und TV ausgestattet (Dusche, WC auf der Etage), liegen in der Nähe der Auto-

Das Hotel »Le Cep« in Beaune residiert in einem Renaissancepalais

bahn oder Durchgangsstraßen in Gewerbegebieten. Der Zimmerpreis ist unabhängig von der Personenanzahl (bis zu drei).

i Online-Reservierungen für **Etap-Hotels** und **Formule 1** können unter folgender Adresse gebucht werden:

- www.etaphotel.com/etaphotel/index.html
- www.hotelformule1.com/formule1/index.html

Les Routiers

Für Frankreich-Fans ist das umfangreiche Gesamtverzeichnis mit preiswerten Gastro-Tipps und dem kompletten Hotelverzeichnis ein unentbehrlicher Begleiter. Die Hotels liegen an den Einfallstraßen großer Städte und überzeugen mit einem soliden Preis-Leistungsverhältnis. Das Nachschla-

Franzosen sind begeisterte Camper

gewerk ist per Nachnahme erhältlich: **Achelis & Partner GmbH,** Friedenspromenade 87, 81827 München, Tel. 0 89/43 98 42-0, Fax 4 30 72 84.

Climat de France

Die Hotels dieser Kette (zwei bis drei Sterne) liegen in den touristischen Zentren und besitzen familiären Charakter.

i **stb-Reisen,** Platter Str. 87, 65232 Taunusstein, Tel. 0 61 28/98 25 13, Fax 98 25 15.

Schlösser und Herrensitze

Wer in herrschaftlicher Umgebung übernachten will, hat dazu reichlich Gelegenheit.

i **Relais & Châteaux,** Reservierungszentrale, Tel. 01 80/5 33-3 43; E-Mail: rescarc@relaischateaux.fr, www.relaischateaux.com/site/de/home

Ferienwohnungen

Wer Urlaub, Ruhe und Kontakt zur Bevölkerung sucht, ist in einem Gîte-de-France-Ferienhaus bzw. in einer Wohnung gut aufgehoben.

Gîtes de France, La Maison des Gîtes de France, 59, rue St-Lazare, 75439 Paris, Tel. 01 49 70 75 75, Fax 01 42 81 28 53; www.gites-de-france.fr

Hotels für Behinderte

Das Gesamtverzeichnis sämtlicher Hotels und Restaurants mit behindertengerechten Einrichtungen kann unter folgender Adresse angefordert werden:

A.P.F., Bd Auguste-Blanqui, 75013 Paris, Tel. 01 53 62 84 00, Fax 01 45 89 40 57, E-Mail: apf-atelierblanqui@wanadoo.fr

Jugendherbergen

Ein Gesamtverzeichnis aller Jugendherbergen in Frankreich gibt es unter folgender Adresse:

Fédération Unie les Auberges de Jeunesse, 27, rue Pajol, 75018 Paris, Tel. 01 44 89 87 27, Fax 01 44 89 87 10; E-Mail: centre-national@fuaj.org; www.iyhf.org

Camping – Caravaning

Ein Campingplatz-Verzeichnis gibt es kostenlos beim Französischen Fremdenverkehrsamt (s. S. 100).

Tipp

Wer nicht im Besitz einer aufwändigen Ausrüstung ist, kann ein komplett eingerichtetes Zelt mieten: **Eurocamp,** Kempener Allee 9, 47803 Krefeld, Tel. 01 80/5 45 09 70; www.eurocamp.de

Reisewege und Verkehr

Mit der Bahn

Der Hochgeschwingkeitszug TGV (Train à Grande Vitesse) verkehrt auf den Strecken Paris–Dijon–Chalon-sur-Saône und Paris–Le Creusot–Beaune –Marseille. Auskünfte über Ermäßigungen erhält man bei den Informationsstellen der größeren Bahnhöfe. Internet: www.sncf.com

Mit dem Auto

Autobahngebühren können mit der Visa-Kreditkarte bezahlt werden. Für kürzere Teilstücke empfiehlt es sich, ausreichend Bargeld bei sich zu haben. Vor Antritt der Reise sollte man sich den Auslandsschutzbrief besorgen. Neben dem Führer- und Kraftfahrzeugschein empfiehlt sich die Mitnahme der grünen Versicherungskarte.

Straßenkarte: Michelin Nr. 65, 66, 69 und 70; Recta Foldex Bourgogne Nr. 12.

Straßenhilfsdienst/Polizeinotruf

Pannenhilfe: auf Autobahnen über die Notrufsäulen.

Landstraßen, in Ortschaften und auch in Städten: Polizeinotruf (Police Secours) Tel. 17.

Promillegrenze/Tempolimit

Die Promillegrenze liegt bei 0,5.

Innerhalb geschlossener Ortschaften gilt 50 km/h, auf Landstraßen 90 km/h, auf Schnellstraßen 110 km/h und auf Autobahnen 130 km/h. Überschreitungen werden sehr streng geahndet.

**Dijon

Schatzkammer der großen Herzöge

Seite 37

Wie ein mittelalterliches Spinnennetz liegt das Geflecht enger Pflasterstraßen über der Altstadt von Dijon. Prunkvolle Fassaden, hinter denen wohlhabende Geschäftsleute, Parlamentspräsidenten und geistliche Würdenträger in Saus und Braus lebten, zeugen von blühenden Epochen. Schritte entfernt blättert der Putz von altersschwachen Fachwerkbauten, um die schon die Religionskriege tobten. An lichtdurchfluteten Sommermorgen kann man sich gut vorstellen, wie fliegende Händler mit klappernden Holzschuhen heiser ihre Angebote durch die Gassen schrien. An jeder Ecke, in jedem Winkel der Stadt hält sich die Vergangenheit des einst mächtigen Burgunderreichs versteckt.

Geschichte

(150 700 Einw.). In gallo-römischer Zeit muss die Siedlung am Ufer der Ouche ein unbedeutender Marktflecken gewesen sein, nicht mehr als ein Etappenziel an der Via Agrippina, der römischen Verkehrsverbindung von Lyon nach Trier. Im 3. Jh. n. Chr. ließen die Stadtherren ihr Castrum Divio von einer Befestigungsmauer umgeben, um gegen Angriffe der Germanen geschützt zu sein. Etwa um dieselbe Zeit bildete sich um das Grab des Märtyrers Benignus ein religiöser Kult heraus. Nachdem der Heilige dem Bischof von Langres, damals weltlicher wie geistlicher Herrscher der Stadt, erschienen war, änderte die Kirche ihre bis dahin ablehnende Haltung gegenüber dem Benignuskult und ließ im Jahre 535 über dem außerhalb des Stadtkerns liegenden Grab eine Benediktinerabtei gründen.

Die Herrschaft der Bischöfe von Langres endete im Jahre 1015, als Robert II die Stadt kaufte und sie dem Herzogtum Burgund einverleibte. Im Jahre 1137 fraß sich ein Feuersturm durch die engen Gassen, der kaum ein Haus verschonte: Für die Baumeister eine Gelegenheit, die neue Stadt großzügiger anzulegen. Nach der Brandkatastrophe dauerte es bis 1363, ehe Dijon sein Provinzdasein hinter sich ließ. Damals begann mit der Epoche der vier »großen Herzöge« aus dem Geschlecht der Valois ein neuer Zeitabschnitt. Sie traten die Nachfolge der ausgestorbenen Kapetinger an und führten die Stadt als Mittelpunkt eines der bedeutendsten Territorialstaaten Europas auf einen glanzvollen Zenit zu.

Mit dem Tod des letzten großen Herzogs, Karl des Kühnen, ging 1477 nicht nur das Großreich Burgund zu Ende, sondern verblassten auch Ruhm und Einfluss von Dijon. Erst im 18. Jh. begann der Stern der Stadt wieder aufzusteigen, als sie Residenz eines Bischofs wurde und sich Adel und reiches Bürgertum wunderschöne Paläste bauen ließen, die mit ihren prachtvollen Fassaden noch heute das Straßenbild prägen.

Seit dem 19. Jh. wuchs die burgundische Metropole immer mehr in ihre Rolle als mitteleuropäische Drehscheibe des Schiffs-, Eisenbahn- und später Autoverkehrs hinein. Auch industriell machte die Region Karriere, deren Name aber nach wie vor weniger mit Kohlebergbau oder Textilherstellung in Verbindung gebracht wird als vielmehr mit den großen Weinen, die Burgund zu einem Synonym für gute Tropfen machten.

Tipp Dijon aus einer etwas anderen Perspektive bietet ein Ausflug mit einem Ultraleichtflugzeug: **Centre de Formation Pilote,** Aérodrome Dijon-Darois, 8, route de Troyes, 21121 Darois, Tel. 03 80 35 68 00, E-Mail: microlights@cosmos.fr.

Place de la Libération

Prominenter Stadtmittelpunkt und zugleich touristischer Kern ist die halbrunde Place de la Libération, ein von Kolonnaden gesäumter, klassizistischer Platz aus dem ausgehenden 17. Jh., der die Handschrift von Jules Hardouin-Mansart trägt, jenes Mannes, der mit seinem Meisterwerk Versailles Weltruhm erlangte.

*Palais des Ducs et des Etats de Bourgogne ❶

Auf der gegenüberliegenden Seite der Rue de la Liberté umschließt der monumentale »Palast der Herzöge und der Stände von Burgund« mit seiner breiten und eher nüchternen Fassade und zwei Gebäudeflügeln einen Ehrenhof. An seiner Stelle stand einst ein römisches Kastell, auf dessen Fundamenten zwischen 1450 und 1455 die schmucklose **Tour Philippe-le-Bon** (Öffnungszeiten: tgl. außer Di 10-18 Uhr) errichtet wurde. Von der 50 m hohen Aussichtsplattform reicht der Blick über die Dächer und die zahlreichen Türme der Altstadt, die der Metropole den Beinamen »Stadt der hundert Glockentürme« einbrachten. Die **Tour de Bar,** vier Jahre lang Gefängnis des Herzogs von Bar, existierte damals bereits seit fast 100 Jahren, doch große Teile des Palastkomplexes kamen erst in späterer Zeit hinzu, wie etwa der Westflügel aus dem 17. Jh. Damals pflegte der französische König während seiner Burgundbesuche im Palast abzusteigen. Zudem hatte sich Dijon als Versammlungsort der Stände, des Adels, der Geistlichkeit und des Volkes etabliert.

Französische Mode– immer très chic

Seite 37

Dieser Tradition blieb der Bau bis heute als Rathaus treu. Vom Ehrenhof führen Passagen in zwei flankierende Innenhöfe. Die linke **Cour de Flore** ist vor allem von den Amtsräumen des Hôtel de Ville umschlossen, während der rechte Innenhof, **Cour de Bar,** von den Trakten des Museums der Schönen Künste eingenommen wird. Neben der Tour de Bar führt eine im Stil der Renaissance erbaute Treppe zur Galerie de Bellegarde des Museums hinauf.

**Musée des Beaux-Arts

In mehreren Flügeln des Palastes sind die unschätzbaren Kostbarkeiten des Musée des Beaux-Arts ausgestellt, das zu den bedeutendsten Kunstmuseen Frankreichs zählt (Öffnungszeiten: tgl. außer Di 10–18 Uhr; einstündige Führungen auch in deutscher Sprache). Die Skulpturen, Schnitzereien, Goldschmiede- und Emailarbeiten,

Zeichnungen und Gemälde reichen von der klassischen Antike bis in die jüngste Vergangenheit. Sie stammen aus Italien, Frankreich, den Niederlanden, der Schweiz und Deutschland. Gezeigt werden u. a. Arbeiten von Rogier van der Weyden, Melchior Broederlam, Jean de Marville und Claus Sluter, der um die Wende zum 15. Jh. zu den bedeutendsten Bildhauern Europas gehörte.

Seite 37

Das erste Stockwerk ist den Meistern der europäischen Malerei, Bildhauerei und Holzschnitzerei vom 14. bis zum 19. Jh. gewidmet. Die meisten Besucher interessieren sich jedoch für die berühmte ****Salle des Gardes,** einen ehemaligen Fest- und Bankettsaal der herzoglichen Residenz.

In dem lang gezogenen, mit wertvollen flämischen Wandteppichen aus dem 15. und 16. Jh. geschmückten Raum befinden sich seit 1827 zwei kunstvoll gearbeitete Grabmäler, die wie zwei Monumente an die Blütezeit des Burgundischen Reichs und dessen Repräsentanten aus dem Geschlecht der Valois erinnern.

Die schwarze Marmorplatte des prunkvollen Sarkophags von Philipp dem Kühnen, der 1404 eines plötzlichen Todes starb, wird von feingliedrigen Arkadenbögen getragen, unter denen sich ein aus 40 Einzelfiguren bestehender Trauerzug der »Pleurants« (Weinenden) bewegt – ein ergreifendes Werk, das wahrscheinlich vom Bildhauer Claus Sluter begonnen und von seinem Neffen Claus de Werve vollendet wurde. Auf der polierten Deckplatte ruht die aus Alabaster modellierte Liegefigur des toten Herzogs, dessen Kopf von zwei Engeln flankiert wird.

Grablege der Valois

Philipp der Kühne brach im Jahre 1385 mit einer burgundischen Tradition. Während sich die kapetingischen Herzöge der Region in Cîteaux bestatten ließen, gründete dieser bedeutende Herzog aus dem Haus Valois vor den Toren seiner Hauptstadt Dijon eigens ein Kartäuserkloster, das er zur Grablege der neuen Dynastie wählte.

Die berühmtesten Baumeister und Künstler wurden beauftragt, die historische Stätte würdig auszugestalten, ein Umstand, von dem heute nicht mehr allzu viel zu sehen ist. Die größten Teile der Klosteranlage fielen der Französischen Revolution zum Opfer. Lediglich auf dem Gelände der Psychiatrischen Klinik sind noch das Portal der 1388 geweihten Klosterkirche, ein Treppenturm und der mit Statuen geschmückte so genannte Mosesbrunnen zu sehen, ein um das Jahr 1400 entstandenes Werk des Meisterbildhauers Claus Sluter.

Als gegen Ende des 18. Jhs. die Französische Revolution an Boden gewann, kam das einem gründlichen Bruch mit der Vergangenheit gleich. Was im Geruch vergangener Königswürde stand, war als Symbol des verhassten Feudalismus der Zerstörungswut ausgesetzt, so auch die Originale der beiden Grabmäler, die damals stark beschädigt wurden, ehe man sie 1825 rekonstruierte und als Ausstellungsstücke in das Kunstmuseum brachte.

Gewollt ähnlich ist die zweite Grabstelle gestaltet, die letzte Ruhestätte von Herzog Johann Ohnefurcht und seiner Gattin Margarete von Bayern. Wie im Fall des ersten Sarkophags nahm auch die Fertigstellung dieses Grabmals Jahrzehnte in Anspruch. Zunächst arbeitete nach der Ermordung des Herzogs 1419 Claus de Werve an einem entsprechenden Entwurf, der später vom spanischen Bildhauer Jean de Huerta bzw. von Antoine Le Moiturier fertig gestellt wurde. Im gleichen Raum ist neben anderen Kunstwerken ein Ensemble von zwei vergoldeten Altaraufsätzen zu sehen, das Jacques de Baerze gegen Ende des 14. Jhs. für die Kartause von Champmol schuf, der ursprünglichen Grabstätte der burgundischen Dynastie, in der sich früher auch die Herzogsgräber befanden.

Im Erdgeschoss des Musée des Beaux-Arts liegt u. a. die im 15. Jh. erbaute Küche. In diesem »Palast der Sinne« garte ein handverlesenes Kochgeschwader in sechs Kaminen ganze Ochsen und Wildschweine, Fasanen und Lammkeulen, um die Gäste des Hofes bei Laune zu halten. In dem gegenwärtig leer stehenden Raum mit quadratischem Grundriss sind Besucher auf ihre eigene Fantasie angewiesen, wenn es darum geht, das Küchenreich mit Leben sowie mit Tellern und Platten, dampfenden Suppenterrinen und brutzelnden Bratenspießen zu füllen.

Seite 37

Für eine kulinarische Pause bietet das Restaurant **À Tout Va Bien** eine ausgefallene traditionelle Küche (12, rue Quentin, ❍).

- ❶ Palais des Ducs et des Etats de Bourgogne
- ❷ Musée Magnin
- ❸ Palais de Justice
- ❹ Bibliothèque municipale
- ❺ St-Etienne/Musée Rude
- ❻ St-Michel
- ❼ Maison des Cariatides
- ❽ Hôtel de Vogüé
- ❾ Notre-Dame
- ❿ Place François-Rude
- ⓫ Coin du Miroir
- ⓬ St-Jean
- ⓭ St-Philibert
- ⓮ Musée Archéologique
- ⓯ Cathédrale St-Bénigne
- ⓰ Porte Guillaume

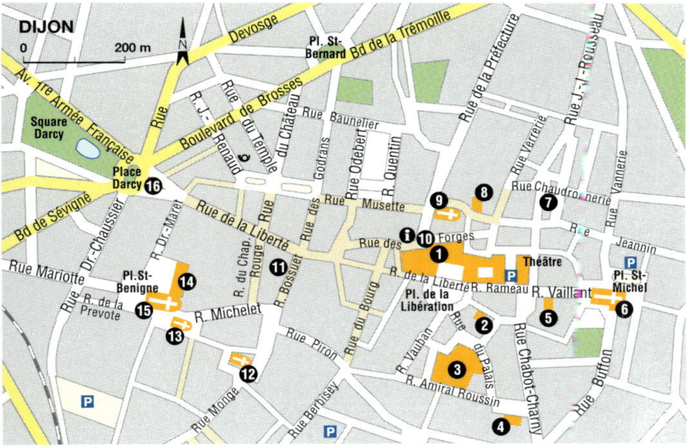

Musée Magnin ❷

Seite 37

Nur ein paar Schritte vom Palast entfernt, bildet das Musée Magnin (4, rue des Bons Enfants) mit über 2000 Gemälden, Zeichnungen und Kunstobjekten europäischer Maler aus vier Jahrhunderten eine Fortsetzung der Kunstszene von Dijon. Die Geschwister Jeanne und Maurice Magnin, die ihre private Sammlung 1937 dem französischen Staat vermachten, legten weniger Wert auf prominente Namen, sondern auf eine breite Repräsentation einzelner Epochen der niederländischen, italienischen und französischen Malerei vom 16. bis zum 19. Jh. Der Reiz der gesamten Kollektion liegt in ihrer unprofessionellen Originalität.

Palais de Justice ❸

Aus dem Jahre 1572 stammt der mit einem prachtvollen Renaissancegiebel geschmückte Justizpalast an der Rue du Palais, ehemals Tagungsort des burgundischen »Parlaments«, worunter man in der Zeit vor der Französischen Revolution den Obersten Gerichtshof verstand. Über der gewaltigen, fast 40 m langen **Salle des Pas Perdus** wölbt sich eine hölzerne Tonnendecke (Besichtigung während Gerichtsverhandlungen nicht möglich). Am Ende des großen Saals liegt der Zugang zur **Chambre Dorée** mit ihrem vergoldeten Kassettengewölbe. Mit erlesenen Holzarbeiten sind auch der Sitzungssaal des Schwurgerichts und die vom Renaissancekünstler Hugues Sambin gestaltete Hauskapelle geschmückt. Unter den Händen dieses Bildhauers nahmen auch die Eingangstüren zum Justizpalast Formen an. Die heutigen Flügel sind Kopien; die Originale sind im Museum der Schönen Künste ausgestellt.

Bibliothèque municipale ❹

Die Stadtbibliothek (5, rue de l'Ecole de Droit) richtete ihren Lesesaal in der Renaissancekapelle des alten Jesuitenkollegs ein. Neben über 300 000 Bänden ist die Bibliothek im Besitz ausgesprochener Raritäten, etwa eines Manuskripts aus der ersten Hälfte des 12. Jhs. mit kunstvollen Schmuckelementen.

Musée Rude ❺

Mit Leben und Werk des Bildhauers François Rude (1784–1855) beschäftigt sich das Musée Rude, das sich die ehemalige Abteikirche **St-Etienne** (8, rue Vaillant) mit der örtlichen Handelskammer teilt. Unter den ausgestellten Werken befinden sich Abgüsse von bekannteren Arbeiten des Bildhauers, etwa das heroische Flachrelief »Der Aufbruch der Freiwilligen 1792«, das Rude für den Triumphbogen in Paris anfertigte. In vielen Werken des Künstlers zeigt sich seine neoklassische Ausbildung an der Zeichenschule von Dijon.

St-Michel ❻

Mit einer mächtigen, von zwei Kuppeltürmen flankierten Fassade gehört die Kirche am gleichnamigen Platz zu den bekannten Baudenkmälern der Stadt. Als die Arbeiten im ausgehenden 15. Jh. mit dem Fundament zum Innenraum und den drei Rundbogenportalen der Westfassade begannen, waren die Pläne noch von der Spätgotik bestimmt. Im 16. Jh. setzte sich der Renaissancestil durch, der dem Bau seine prägenden Elemente gab. Aus dieser Epoche stammen auch die unterschiedlichen Seitenkapellen.

Im Stil der Renaissance wurde die Maison des Cariatides erbaut

Blick auf den gotischen Chor von Notre-Dame

Seite 37

Malerische Altstadt

An der Place St-Michel beginnt mit der Rue Vannerie ein malerischer Altstadtteil mit altehrwürdigen Stadthäusern und Fachwerkbauten. An der Rue Chaudronnerie, die sich durch das Antiquitätenviertel windet, huldigten die Bauherren dem Stil der Renaissance. Bestes Beispiel ist die **Maison des Cariatides** ❼ mit ihrer figurenverzierten Fassade. Mit muskulösen Schultern und Armen stützen die »Träger« Fensterbalken, Simse und Stockwerke. Nur dem Spaziergänger erschließen sich die wahren Schätze der Altstadtstraßen wie etwa der **Rue Verrerie.** Die Fachwerkfronten geraten zu alten, ganz besonderen Bilderrätseln. Versteckte Schmuckelemente, geschnitzte Figuren und aus grauem Stein herausziselierte Sockel gibt es zu entdecken, auf denen die krummen, rissigen Holzgerüste seit Jahrhunderten ruhen.

Das **Hôtel de Vogüé** ❽ an der Rue de la Chouette ist eine der vornehmen Stadtresidenzen, in denen der Präsident des burgundischen Parlaments logierte. Die linke Flanke stützt die noch ältere **Maison Millière.** Fast vertraulich lehnt sich die schöne Fachwerkfassade über den Arkadenfenstern im Erdgeschoss zur benachbarten Kirche Notre-Dame hinüber, sodass zwischen beiden Gebäuden nur eine schmale Passage bleibt.

**Notre-Dame ❾

Die Kirche aus der ersten Hälfte des 13. Jhs. nimmt für sich in Anspruch, eines der bedeutendsten gotischen Bauwerke Burgunds zu sein. Wenn das letzte Licht des Tages über die Dächer der Stadt auf die Westfassade mit den Galerien von Wasserspeiern fällt, verwandelt sich der gelbliche Kalkstein in Quader aus purem Gold. Von der alten **Rue Musette** aus enthüllt dann dieser Bau seine wirklich kühne Architektur. Über den hochge-

Seite 37

zogenen Spitzbogen des himmelstrebenden Erdgeschosses baut sich eine nur durch angedeutete Arkaden aufgelockerte, fast geschlossene Fassade auf, über die, vom Vierungsturm abgesehen, zu beiden Seiten ein Treppenturm hinausragt. Die Spitze auf der rechten Seite ziert ein mechanisches Uhrwerk mit einem Schläger, der den Bürgern von Dijon anzeigt, was die Stunde geschlagen hat. Damals schickte Philipp der Kühne eine Streitmacht nach Flandern, um in der Gemeinde Courtrai einen Bürgeraufstand niederzuschlagen. Als Beutestück brachten die Soldaten das Uhrwerk mit nach Hause. 1610 schickten die Bürger ihrem Stundenschläger eine metallene Gefährtin auf den Turm, der 1714 bzw. 1881 zwei Glocken folgten.

So ungewöhnlich diese Kirche sich von außen zeigt, so harmonisch wirkt das in drei Schiffe geteilte Kircheninnere. Besondere Verehrung wird der Schwarzen Madonna in der rechten Apsis zuteil. Für Kunsthistoriker ist sie eine der ältesten Holzmadonnen Frankreichs, für die Bürger die Retterin der Stadt, die Dijon zweimal – 1513 bei der Belagerung durch Schweizer Truppen und 1944 bei der Befreiung von den Deutschen – vor der Zerstörung bewahrte.

Tipp An der Nordfassade von Notre-Dame versteckt sich ein jedem Schulkind bekanntes Ziel, zu dem tagtäglich jede Menge abergläubige Menschen pilgern. Viele Einheimische bauen nicht nur auf die Kraft der Schwarzen Madonna, sondern halten auch am berühmtesten lokalen Glücksbringer fest: In einen Stützpfeiler der Kirche ist eine etwa faustgroße Eulenskulptur eingelassen, die nur berührt werden muss, damit man Weisheit und Glück erlangt!

Rue des Forges

Als städtischer Architekturlehrpfad könnte die Rue des Forges mit ihren alten Residenzen dienen. Sie reflektieren den immensen wirtschaftlichen Aufschwung der burgundischen Länder, der hauptsächlich durch die Expansion des straff organisierten Territorialstaates bis zur Nordsee, vor allem aber durch den Neuerwerb von Flandern zustande kam. Dort pulsierte der Warenverkehr und boomte die Tuchindustrie, von der letzten Endes auch Bankiers, Kaufleute und Beamte profitierten. Sie ließen sich grandiose Stadtresidenzen bauen, deren üppige Ausstattung für Wohlstand und Einfluss standen.

Ein Beispiel der damaligen Architektur ist das spätgotische **Hôtel Chambellan,** in dem heute das Syndicat d'Initiative (Nr. 34) sein Informationsbüro unterhält. Das Anwesen gehörte einem wohlhabenden Tuchhändler, der Geld mit Macht verquickte und eine Zeit lang Bürgermeister der Stadt war. Der Innenhof ist mit Laubengängen und einer Wendeltreppe ausgestattet.

Andere Häuser lassen an ihren Fassaden den Dekor der Renaissance erkennen, wie etwa das **Hôtel Milsand** (Nr. 38). Das Patrizierhaus nebenan, das **Hôtel Aubriot** (Nr. 40) aus dem 13. Jh., einst Wohnsitz des ersten Bankiers der Stadt, besitzt ein figurengeschmücktes Portal unter einem Dach aus bunt glasierten Ziegeln, während das **Hôtel Morel-Sauvegrain** (Nr. 56) mit einer Fassade aus dem 15. Jh. aufwartet. Mit der Rue des Forges unterstreicht Dijon seinen Anspruch, nach Paris die anspruchsvollsten Wohnhäuser ganz Frankreichs zu besitzen.

Zu den historischen Schmuckstücken gehört die **Maison aux Trois Pignons** in 2, rue Auguste-Comte.

Senf und Lebkuchen ...

Sowohl an der **Rue Musette,** die zu den ältesten Straßen der Stadt zählt, als auch an der **Rue des Forges** und der großen Geschäftsstraße **Rue de la Liberté** findet man Spezialitätengeschäfte, die Dijons bekannteste Produkte für Feinschmecker verkaufen. **Moutarde de Dijon** ist längst ein Markenbegriff. Seine Kenntnisse in Sachen Senf kann man im **Musée de la Moutarde** der Firma Amora überprüfen (48, quai Nicolas-Rolin, Tel. 03 80 44 44 52, Voranmeldung).

Ein typisches Reisemitbringsel aus Dijon ist eines der bemalten **Senftöpfchen** aus Porzellan. Eine reiche Auswahl bietet die seit 300 Jahren bestehende Firma **Grey-Poupon** (32, rue de la Liberté, Tel. 03 80 30 41 02).

Die Stadt ist seit jeher für ihre **Lebkuchen** berühmt. Lebkuchen wurden noch im 17. Jh. von fliegenden Händlern unter die Kundschaft gebracht. Heute bekommt man sie in Konditoreien sowie in Fachgeschäften mit der Aufschrift »Pain d'Epice«. Besonders viele dieser süßen Köstlichkeiten führt das Geschäft **Mulot et Petitjean** (13, place Bossuet, Tel. 03 80 30 07 10).

Place François-Rude ❿

Dijons charmantester Sommertreff ist ein Platz ohne Durchgangsverkehr inmitten einer Fußgängerzone mit einer reizvollen Fachwerkumgebung. In der Mitte steht ein Brunnen mit der stadtbekannten Winzerfigur **Bareuzai,** die, wie einst üblich, mit nackten Füßen Trauben zerstampft. Jeweils in der ersten Septemberwoche platzt Bareuzais Umgebung aus allen Nähten, wenn die Besucher zum großen Weinfest herbeiströmen und an den Marktständen nicht nur die guten Tropfen der Region, sondern auch viele typische Spezialitäten angeboten werden.

Fachwerk an der Place Rude

Seite 37

Shoppingmeile

Die **Rue de la Liberté,** an der große Kaufhäuser Seite an Seite mit kleineren Fachgeschäften liegen, ist die große Shoppingmeile der Stadt. Die Ecke zur Rue de Godrans bezeichnen die Einheimischen als **Coin du Miroir** ⓫. Die »Spiegelecke« wurde nach einem nicht mehr existierenden Gebäude benannt, das sich besonders als Aussichtspunkt für Prozessionen und Umzüge eignete.

St-Jean ⓬

An der **Place Bossuet** fällt zunächst diese hochgotische Kirche ins Auge, die während der Französischen Revolution schwer beschädigt und im 19. Jh. teilweise abgebrochen wurde. Heute dient sie einer Theatergesellschaft als Hausbühne.

Der Platz wurde nach dem dort geborenen Jacques-Bénigne Bossuet (1627–1704) benannt, der sich nach der theologischen Ausbildung an einem Jesuitenkolleg am Hof von Louis XIV als rhetorisch überragender

Prediger einen Namen machte. In der Umgebung stehen mehrere vornehme Häuser, in denen Mitglieder des burgundischen Parlaments wohnten.

Seite 37

St-Philibert ⑬

Die im 12. Jh. begonnene und im 15. Jh. vollendete Kirche in der Rue Danton ist der einzige weitgehend im romanischen Stil erhaltene Sakralbau der Stadt.

Musée Archéologique ⑭

Im ehemaligen Schlafsaal des Benediktinerklosters von St-Bénigne an der Rue Docteur-Maret (Nr. 5) sind antike und mittelalterliche Fundstücke bzw. Kunstwerke ausgestellt. Die meisten wurden ca. 25 km nördlich von Dijon ausgegraben (geöffnet Juni–Sept. 9.30–18 Uhr, sonst kürzere Zeiten).

**Cathédrale St-Bénigne ⑮

Historisches Zentrum der Stadt ist die Cathédrale St-Bénigne am gleichnamigen Platz. Sie entstand im letzten Viertel des 13. Jhs. an Stelle eines Vorgängerbaus über dem Grab des hl. Benignus. Der hl. Benignus gehörte zu den bedeutenden Missionaren der Region und wird von den Einwohnern von Dijon als Stadtpatron verehrt. Bei Ausgrabungen wurde im 19. Jh. der Sarkophag des Heiligen entdeckt. Er steht heute in der romanischen Krypta von hinreißender Schlichtheit. Der Hauptraum und die Nebennischen bestehen aus einem Wald von runden, unverputzten Pfeilern.

Die Kathedrale entstand, nachdem ein Vorgängerbau im Jahre 1272 eingestürzt war. Von der Basilika, die vor der Fertigstellung der Abteikirche von Cluny zu den größten Sakralbauten der Christenheit gehört haben soll, übernahm der 1394 geweihte gotische Neubau sowohl das Westportal als auch einen dreigeschossigen, frühromanischen Rundbau, der während der Französischen Revolution abgerissen wurde. Wie viele andere Kirchen wurde auch die Kathedrale St-Bénigne geplündert und zerstört, die Renovierung nahm das gesamte 19. Jh. in Anspruch. Kunstschätze aus anderen Sakralbauten möblieren heute das Kirchenschiff.

Porte Guillaume ⑯

Der monumentale Triumphbogen trennt die Rue de la Liberté von der verkehrsreichen Place Darcy mit dem Office de Tourisme (s. u.). Am westlichen Ende des Platzes plätschert in einer Parkanlage Wasser aus einer künstlichen Steinmuschel in ein Brunnenbecken, das an den Ingenieur Darcy erinnert, der Dijon Ende der 30-er Jahre des 19. Jhs. ein zentrales System zur Wasserversorgung verschaffte. Im Sommer ist der Park, an dessen östlichem Ende eine Eisbärenskulptur den Eingang bewacht, eine grüne Oase.

Infos

i **Office de Tourisme,**
Pl. Darcy, Tel. 03 80 44 11 44,
Fax 03 80 42 18 83, Öffnungszeiten:
10. April–14. Nov. tgl. 9–20,
im Sommer bis 21 Uhr;
15. Nov.–9. April 9–12, 14–19 Uhr.

Die Cathédrale St-Bénigne steht im historischen Zentrum von Dijon

▮ **Syndicat d'Initiative,** 34, rue des Forges, 21022 Dijon, Tel. 03 80 44 11 44, Fax 03 80 30 90 02, Öffnungszeiten: tgl. 9–12, 14–18, Nov.–März bis 17 Uhr.

Seite 37

Flughafen: Der Flugplatz von Dijon wird nur von Paris regelmäßig angeflogen. Die nächstgelegenen internationalen Flughäfen sind Lyon bzw. Paris.

Zugverbindung: Der Eisenbahnknotenpunkt Dijon ist mit dem TGV der Strecke Paris–Marseille oder dem Schnellzug Straßburg–Dijon und Wien–München–Zürich–Bern–Genf–Dijon erreichbar. Sitzplätze sollten vorab reserviert werden.

Busverbindung: Zentraler Busbahnhof ist die Gare Routière am Hauptbahnhof, wo die meisten Busse an- und abfahren.

Weitere Museen

▮ **Musée de la Vie Bourguignonne,** 15–17, rue Ste-Anne, Tel. 03 80 44 12 69, Öffnungszeiten: tgl. außer Di 9–12, 14–18 Uhr. Volkskundemuseum mit Ausstellungen zum Leben in Burgund.

Wilson, Place Wilson, Tel. 03 80 66 82 50, Fax 03 80 36 41 54. www.otdijon. fr/hotel-wilson.html. Historische Poststation aus dem 17. Jh. ○○○

Radtouren

Wer Stadt und Umgebung per Fahrrad erkunden will, kann sich Räder leihen, z. B. bei **Bourgogne Tour Incoming,** 11, rue de la Liberté, Tel. 03 80 30 49 49; oder bei **Travel Bike Location,** 28, bd de la Marne, Tel. 03 80 72 31 00.

▮ **Mercure Dijon Clémenceau,** 22, bd Marne, Tel. 03 80 72 31 13, Fax 03 80 73 61 45; www.lodgingfrance.com/Dijon/Hotel_Mercure_Dijon_Clemenceau/. Modernes, bestens ausgestattetes Hotel der Luxusklasse. ○○○

▮ **Chapeau Rouge,** 5, rue Michelet, Tel. 03 80 30 12 32, Fax 03 80 30 33 89. www.bourgogne.net/chapeaurouge. Die Nobelherberge besitzt ein Toprestaurant. ○○○

▮ **Ibis Central,** 3, place Grangier, Tel. 03 80 30 44 00, Fax 03 80 30 77 12; www.ibishotel.com/ibis/index.html. Praktisches Kettenhotel. ○○

▮ Zahlreiche sehr preisgünstige **Motels** liegen im Industrieviertel im Süden der Stadt an der RN 74.

Campingplatz: Camping du Lac, 3, bd Kir, Tel. 03 80 43 54 72.

Thibert, 10, place Wilson, Tel. 03 80 67 74 64. Spitzenmenüs in gepflegter Atmosphäre. ○○○

▮ **Chapeau Rouge,** 5, rue Michelet, Tel. 03 80 50 88 88. Spitzenkreationen wie z. B. Hummerragout. ○○○

▮ **Ma Bourgogne,** 1, bd Doumer, Tel. 03 80 65 48 06. Deftige Regionalküche, im Sommer im Freien. ○○

▮ **La Dame d'Aquitaine,** 23, place Bossuet, Tel. 03 80 30 45 65. Stimmungsvolles Speisen in einer Krypta des 13. Jhs. ○○

L'An-Fer, 8, rue Marceau, Tel. 03 80 70 03 09, Öffnungszeiten: tgl. außer Mo ab 22.30 Uhr. Die Disko hat sich zu einer Art Talentschmiede für DJs entwickelt. Eine Berühmtheit in der Region.

▮ **La Vapeur,** 42, av. Stalingrad, Tel. 03 80 78 22 64. **Le Privé,** 20, av. Garibaldi, Tel. 03 80 73 39 57. Zwei Diskotheken so richtig zum abtanzen.

**Beaune

Wo Bacchus das Zepter schwingt

Das »Naturereignis« findet jeden Samstagvormittag mitten im Zentrum statt. Schon am frühen Morgen karren die Bauern des Umlandes je nach Saison Berge von Tomaten und Zwiebeln, Lauch und Kartoffeln herbei. In verzinkten Wannen glänzen pralle Würste und rosarote Schinken. In der Markthalle treten derweilen runde und längliche, schmale und dicke, weiße und gelbe Käse den Duftwettstreit gegeneinander an. Unversehens verwandelt sich der Stadtkern in ein Reich der Verführungen, in dem schnuppernde und tastende Kunden von Stand zu Stand flanieren in der Gewissheit, irgendwann den Verlockungen dieses Angebots nicht mehr standhalten zu können.

Geschichte

Beaune (23 200 Einw.) inmitten der Weinberge von Burgund spielt unter den Städten der Region noch vor Dijon die Hauptrolle. Diesen Platz verdankt der Ort weniger seiner Geschichte als vielmehr dem Wein, der das Städtchen im 18. Jh. zum Handelszentrum erhob.

Über ein Jahrtausend existierte die Siedlung als Marktflecken, im 12. Jh. erhielt die größer gewordene Sadt eine Wallmauer und die burgundischen Herzöge machten sie im 14. Jh. zum Sitz des Parlaments und zur offiziellen Residenzstadt. Später zogen die Herrscher nach Dijon um, was die bis heute bestehenden Animositäten zwischen den beiden Städten erklärt.

Als der Hundertjährige Krieg um die Mitte des 15. Jhs. zu Ende ging, litt Beaune schwer unter Überfällen und Plünderungen marodierender Soldaten. Vielleicht entschied sich der Kanzler Philipps des Guten, Nicolas Rolin, deshalb, in Beaune und nicht in seiner Heimatstadt Autun das heutige Hôtel-Dieu als Hospital mit einem Armensaal zu stiften. Zu diesem Prachtbau, einer der bedeutendsten Sehenswürdigkeiten der gesamten Region, gehören große Weingüter, deren Produktion alljährlich im November bei einem großen Fest versteigert wird Internet: www.beaune.com

Seite 48

Aus der Weinhochburg sollte man ein paar Flaschen mit nach Hause nehmen. Die **Domaine Yves Darviot** ist für ihre feinen Tropfen und ihren guten Service bekannt (2, pl. Morimont, Tel. 03 80 24 74 87.

Mittelalterlicher Wall

Die weitgehend erhaltene Altstadt mit ihren mittelalterlichen Stadtpalais und gepflasterten Straßenzügen, verwinkelten Plätzen und stillen Hinterhöfen liegt innerhalb eines modernen Boulevardrings, der sich in respektvollem Abstand um den mittelalterlichen Schutzwall mit seinen Bastionen

Liebe zum Wein

Die Neigung zum vergorenen Rebensaft muss schon vor Jahrhunderten sehr stark gewesen sein. Als der Herzog von Clarence im Mittelalter zum Tod verurteilt wurde, soll er inständig darum gebeten haben, ihn nicht auf dem Richtblock in den Tod zu befördern, sondern in einem Fass Wein zu ertränken.

Seite 48

Die bedeutendste Sehenswürdigkeit von Beaune ist das Hôtel-Dieu

zieht. Teile der von Grün überwucherten Stadtmauer (15. Jh.) existieren noch. Sie halten die Altstadt weitgehend autofrei. Unter dem Wall verbergen sich Lagerräume für den Wein.

Place de la Halle ❶

Das touristische Epizentrum der Stadt ist die Place de la Halle. Vor und in der Halle findet der bekannte **Samstagsmarkt** statt, dessen Verkaufsstände im Sommer bis auf die benachbarte Place Carnot reichen.

Tipp Auf der **Place Carnot** finden im Sommer Konzerte statt. Einen Logenplatz bietet dann die Terrasse des Lokals Le Petit Parisien.

**Hôtel-Dieu ❷

Noch heute profitiert das Krankenhaus von Beaune, zu dem das Hôtel-Dieu gehört, von der wohl abgewogenen Großzügigkeit Rolins. Denn zum Besitz gehören neben Wald und Wiesen 58 ha Weinberge, auf denen über ein Dutzend Winzer ausgesuchte Rebsorten für ebenso edle Tropfen hegen und pflegen. Bei der alljährlichen Versteigerung bringen sie Zigmillionen Francs ein.

Nichts deutet beim Blick auf die kahle Fassade des Hôtel-Dieu an der gleichnamigen Straße auf den Prunk im Innern dieses im burgundisch-flämischen Stil erbauten Hospitals hin, der sich schon im gepflasterten Innenhof mit einem achteckigen Ziehbrunnen zu erkennen gibt. Ein umlaufender, lang gezogener Fachwerkbalkon ruht auf schlanken Säulen.

Fotos zeigen immer wieder die steilen Dachgauben mit ihren Wetterfahnen oder das mit gelben, schwarzen, grünen und ockerfarbenen glasierten Ziegeln in geometrischen Mustern gedeckte Dach, das den Bau aus dem 15. Jh. seit 1905 ziert. Aber erst in den einzelnen Trakten selbst offenbart das Schmuckstück seine wahren Schätze. (Tel. 03 84 24 45 00, Öffnungszeiten: Ende März–Mitte Nov. tgl. 9 bis 18.30 Uhr, sonst tgl. 9–11.30 und 14 bis 17.30 Uhr).

Salle des Pauvres

Hauptteil ist die 50 m lange und 14 m breite Salle des Pauvres (»Armensaal«), über der sich ein hölzernes Spitztonnendach wie ein umgedrehter Schiffsrumpf wölbt. Die Anordnung der an den Längswänden aufgereihten 28 Betten – noch bis 1971 waren sie von Kranken belegt – passen ins nautische Bild, da sie einheitlich mit roten Vorhängen drapierten Kojen ähneln. Jede einzelne war für zwei Patienten bestimmt. Am Ende ist der mit Fliesen ausgelegte Saal durch ein geschnitztes Gitter von der Hauskapelle abgetrennt.

Der Flügelaltar zeigt auf neun Bildtafeln die Darstellung des Jüngsten Gerichts. Sie wurden von Rogier van der Weyden (1399/1400 bis 1464) geschaffen und während der Französischen Revolution vor dem Vandalismus marodierender Truppen jener Zeit versteckt. Heute sind die Tafeln in einem eigens gebauten klimatisierten Trakt der Anlage zu besichtigen. Im Zentrum des Bildzyklus sitzt Christus in einen leuchtend roten Mantel gehüllt auf einem Regenbogen. Seine Füße ruhen auf der Erdkugel. Unter ihm im weißen Gewand und von Posaunenengeln flankiert, wiegt der hl. Michael zwei nackte Menschlein in einer Waage. Auf den Außenflügeln verewigte der Künstler den Stifter des Hospitals, Nicolas Rolin (1376–1462), und dessen Frau Guigone de Salins. Das Familienwappen mit dem stilisierten Schlüssel taucht mehrmals auf.

Heiliger Handel

Die Gründung des Hospitals schreiben Historiker weniger dem Sinn des Stifters für die Belange von Unterprivilegierten zu als vielmehr der üblichen Praxis, sich durch Schenkungen und Stiftungen einen Platz im Himmel zu ergattern. Daran lassen die Äußerungen Rolins auch keinen Zweifel. Am 3. 8. 1443 schwor er: »Ich wünsche, in einem heiligen Handel himmlisches Gut gegen das irdische zu tauschen, das mir durch die Gnade Gottes gewährt wurde.«

Das Musée du Vin de Bourgogne in der ehemaligen Residenz der Herzöge

Seite 48

Apotheke und Küche

Die profane Seite des Hôtel-Dieu ist in einer alten, mit originalen Utensilien wie Mörsern, Zinngut und Steinguttöpfen ausgestatteten Apotheke und der mittelalterlichen Küche mit einem riesigen Kamin zu besichtigen.

**Musée du Vin de Bourgogne ❸

In der schmalen Rue d'Enfer versteckt sich die ehemalige, im 14. Jh. erbaute Residenz der Herzöge. Um einen unregelmäßigen Innenhof liegen die restaurierten Gebäude mit Treppentürmchen und Fachwerkbalkonen, die wie die einfachere Version des Hôtel-Dieu aussehen. In diesen Gebäuden residierten die Herzöge, wenn sie zu den Sitzungen des burgundischen Parla-

Seite 48

ments anreisten oder wenn sie im Herbst ihren Hof nach Beaune verlegten, um die Weinlese zu beaufsichtigen. Das dort untergebrachte Musée du Vin de Bourgogne (Öffnungszeiten: tgl. außer Di 9.30–18 Uhr) vermittelt seinen Besuchern eine anschauliche und interessante Lektion über die weit in die Vergangenheit zurück reichende Geschichte der Weinherstellung. In einem Keller stehen riesige Holzpressen und Bottiche. Andere Ausstellungen zeigen Gerätschaften, wie sie auf dem Land teils heute noch in Gebrauch sind. In einem Repräsentationsraum hängen wertvolle Gobelins.

Notre-Dame ❹

Nur wenige Schritte entfernt, öffnet an der Place Général-Leclerc die Vorhalle von Notre-Dame ihre drei riesigen Portale. Im Innern muss die Halle bzw. die eigentliche Fassade der Kirche früher mit Figuren reich geschmückt gewesen sein, doch wurde dieser Dekor während der Französischen Revolution wie in so vielen anderen Kirchen Frankreichs zerstört. An der um 1120 begonnenen Stiftskirche wurde fünf Jahrhunderte lang gebaut. So spannt sich der Bogen unterschiedlichster Stilelemente von der Romanik über

❶ Place de la Halle
❷ Hôtel-Dieu
❸ Musée du Vin de Bourgogne
❹ Notre-Dame
❺ Beffroi
❻ Hôtel de Ville
❼ Porte St-Nicolas

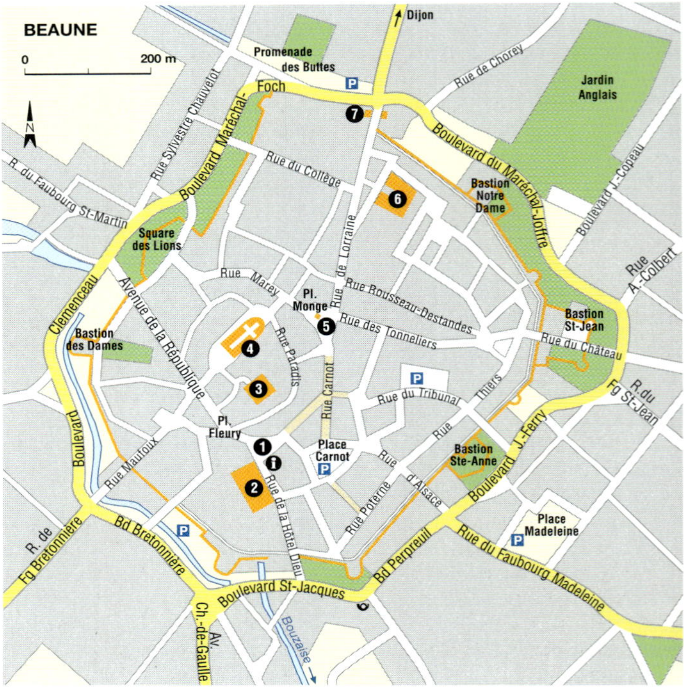

Glockenturm von Notre-Dame

die Gotik bis hin ins ausgehende 16. Jh. Über dem Mittelschiff wölbt sich eine Spitztonne, während sich die Seitenschiffe zu Kapellen hin öffnen, die dem Bau erst nachträglich hinzugefügt wurden. Dies gilt etwa für die in der ersten Hälfte des 16. Jhs. erbaute Chapelle de Bouton im rechten Seitenschiff, die mit einer Kassettendecke im Renaissancestil ausgestattet ist. Von unschätzbarem Wert sind die fünf im Chor hängenden Wandteppiche aus Wolle und Seide, die aus der Zeit der Wende vom 15. zum 16. Jh. stammen und in Flandern angefertigt wurden. Auftraggeber war der Kardinal von Autun, Jean Rolin, Sohn des Stifters. Die Bildfolge stellt die Lebensgeschichte der Muttergottes dar. Vom Kreuzgang neben dem rechten Querhaus ist nur noch ein Teil erhalten.

Im Lokal **Pickwick's** hinter der Kirche schenkt der Wirt seinen eigenen Wein und mehrere Sorten Bier aus (2, impasse Notre-Dame, Tel. 03 80 24 72 59).

Das riesige Eingangsportal zu Notre-Dame

Seite 48

Place Monge

An dem lebhaften Platz, dem eigentlichen Mittelpunkt der Altstadt, steht der **Beffroi ❺**, ein Wachturm, der einst zu einer im 14. Jh. erbauten Kirche gehörte. Namensgeber ist der in Beaune geborene Mathematiker Gaspard Monge (1746–1818), der u. a. als Marineminister und Gründer einer Polytechnischen Schule in die Annalen einging. Er hat sich als Begründer der darstellenden Geometrie und der Differentialgeometrie einen Namen gemacht. Im Zentrum des Platzes wurde dem grübelnden Gelehrten ein Denkmal errichtet. Um die Place Monge haben einige schöne Stadthäuser die Zeiten überdauert. So schmückt sich das **Hôtel de la Rochepot** (Nr. 9) mit einer Fassade im Stil der Gotik, andere Anwesen geben die Einflüsse der Renaissance zu erkennen.

Hôtel de Ville ❻

Ein Abstecher führt in die Rue de l'Hôtel de Ville mit dem Hôtel de Ville. Lange bevor die Bediensteten der Stadt in das Kloster einzogen, suchten Ursulinerinnen hinter den schützenden Mauern das Zwiegespräch mit Gott. Der um einen Innenhof liegende, im

17. Jh. begonnene Bau bietet den beiden Museen **Musée des Beaux-Arts** und **Musée Etienne-Jules Marey** Platz. Das Kunstmuseum zeigt eine kleine, aber feine Sammlung niederländischer und flämischer Gemälde aus dem 15. und 16. Jh. neben Werken jüngerer französischer Künstler sowie Objekte aus der gallo-römischen Zeit. Das zweite Museum ist einem weiteren bedeutenden Sohn der Stadt, Etienne-Jules Marey, gewidmet. Er kümmerte sich als Arzt nicht nur um das Wohlergehen seiner Patienten, sondern fand auch noch Zeit für sein Lieblingshobby, die Kinematographie.

Seite 48

Porte St-Nicolas ❼

Der historische Innenstadtbereich endet an der Porte St-Nicolas, einem 1760 erbauten Triumphbogen, der nach einer Kirche außerhalb der Stadtmauer benannt wurde.

Einen ersten Vorgeschmack burgundischer Weine vermitteln das **Athenaeum de la Vigne et du Vin** (7, rue de l'Hôtel-Dieu, Tel. 03 80 25 08 30) bei Führungen in deutscher und englischer Sprache oder der **Marché aux Vins** (Rue Nicolas-Rolin, Tel. 03 80 25 08 20, Öffnungszeiten: tgl. 9.30–12, 14.30 bis 18 Uhr). Über drei Dutzend Weine werden in diesem Fall in einer ehemaligen Kirche verkostet. Unter den traditionsreichen Kellereien nimmt **Caves Champy** (5, rue du Grenier à Sel, Tel. 03 80 25 09 99, Proben unter fachkundiger Führung) einen besonderen Stellenwert ein. Es handelt sich um die älteste Winzerei in der Region. Bei den interessanten Führungen durch die **Caves des Cordeliers,** ein uraltes Konvent, ist es üblich, drei bis vier Weinsorten gratis zur Probe anzubieten (6, rue de l'Hôtel-Dieu, Tel. 03 80 25 18 85, Öffnungszeiten: tgl. 9–17, Nov.–März tgl. 9–12, 14 bis 18.30 Uhr). In den **Caves Patriarche** (7, rue du Collège, Tel. 03 80 24 53 79, Öffnungszeiten: März–Dez. tgl. 9.30 bis 11.30, 14–17.30 Uhr) liegen die Weine, die am Ende der Tour zum Probieren anstehen, in gigantischen Flaschenbatterien in 9 km langen unterirdischen Gängen. Der Duft alter Holzfässer und vergorenen Traubensafts schwängert die Luft.

Infos

Office de Tourisme, Rue de l'Hôtel-Dieu, 21200 Beaune, Tel. 03 80 26 21 30, Fax 03 80 26 21 39, Öffnungszeiten: 2. 1. bis 2. 4. und 16.11.–31. 12. tgl. 9–18 Uhr; 3. 4.–11. 6. Mo–Do 9–19, Fr/Sa 9–20, So 9–18 Uhr; 12. 6.–26. 9. Mo bis Sa 9–20, So 9–19 Uhr.

Zugverbindung: An der TGV-Strecke Paris–Chalon-sur-Saône.
Busverbindung: Transco-Busse u. a. Mâcon, Dijon, Chalon-sur-Saône, Autun.

Le Cep, 27, rue Maufoux, Tel. 03 80 22 35 48, Fax 03 80 22 76 80, www.slh.com/hotelcep. Dieses Luxusdomizil ist in einem Renaissancebau untergebracht. ○○○

Bleu Marine, 10, bd Foch, Tel. 03 80 24 01 01, Fax 03 80 24 09 90, www.bleumarine-beaune.com. Ein Grandhotel zum absoluten Wohlfühlen. ○○○

Le Home, 138, route de Dijon, Tel. 03 80 22 16 43, Fax 03 80 24 90 74. Hübsches, von wildem Wein überwuchertes Landhotel etwas außerhalb der Stadt. ○○

Alésia, 4, avenue des Sablières, Tel. 03 80 22 63 27, Fax 03 80 24 95 28, Internet: perso.wanadoo.fr/hotel.alesia. Kleines Hotel, abseits des Zentrums gelegen. ○○

Relais Hotel 21, Route de Verdun, Tel. 03 80 24 15 30, Fax 03 80 24 16 10, www.relaismotel21.com. Motelähnliche Unterkunft . ○○

Le Jardin des Remparts, 10, rue de l'Hôtel-Dieu, Tel. 03 80 24 79 41. Meeresfrüchte und Fleischgerichte vom Feinsten, ausgezeichnete Weine. ○○○

Bernard Morillon, 31, rue Maufoux (im Hôtel Le Cep), Tel. 03 80 24 12 06. Anspruchsvolles Restaurant mit Spezialitätenküche. ○○○

L'Ecusson, 1, rue Lieutnant-Dupuis, Tel. 03 80 24 03 82. Erlesene Geflügelspeisen. ○○

Tipp **Bourgogne Randonnées,** 7, av. du 8 Septembre, Tel. 03 80 22 06 03, Internet: www.terroirs-b.com/ br/index.htm. Vermietung von Fahrrädern und Infos über interessante Radrouten um Beaune.

Erlesene Kellereien

Die Schätze von Beaune liegen nicht nur in der sonnenbeschienenen Altstadt, sondern verbergen sich in zahllosen Kellern und Gewölben. Millionenfach lagern auf Flaschen gezogene edle Tropfen ihrem in diesem Fall geschätzten Alter entgegen. Manche Depots sind zur Besichtigung freigegeben, andere bekommt nur der potente Kunde bei entsprechenden Proben zu Gesicht.

**Auxerre

Weißweinkönigin am Ufer der Yonne

Seite 52

An manchen Tagen führt die Stadt (38 800 Einw.) ein malerisches Doppelleben. Wenn kein frisches Lüftchen die Wellen auf der Yonne tanzen lässt, spiegeln sich die Konturen der altehrwürdigen gotischen Kathedrale St-Etienne und der stolzen Abtei St-Germain auf der Oberfläche des Wasserlaufs, als existiere die Départementsmetropole ein zweites Mal in einer auf den Kopf gestellten Gegenwelt.

Die Weißweinhochburg Burgunds geizt auch sonst nicht mit ihren Reizen, und unter diesen ist die Lage am Flussufer nur einer von vielen. Kein Wunder, dass Kenner Burgunds Auxerre wegen seines attraktiven Stadtbildes gleich neben Dijon stellen.

Geschichte

In vorchristlicher Zeit lag am Ufer der Yonne eine keltische Siedlung des Senonenstamms namens Autricum. Sie war wichtiges Etappenziel am Handelsweg vom Ärmelkanal über Burgund nach Lyon.

Zu Beginn unserer Zeitrechnung flößte man auf der Yonne Baumstämme nach Paris. Später diente der Fluss dazu, die Metropole und ihr Hinterland mit Getreide und Wein zu versorgen. Das Geschäft florierte so gut, dass mit dem Begriff Burgunder ausschließlich der Wein bezeichnet wurde, der in Fässern per Lastkahn aus Auxerre kam. Neben der Wirtschaft trug im Mittelalter auch der Bischofsitz viel zur Bedeutung der Stadt bei.

Seite 52

Im Jahre 1223 erhielt der Marktflecken die Stadtrechte. 1358, während des Hundertjährigen Krieges, fielen die Engländer über Auxerre her, das erst 1477 wieder unter französische Herrschaft kam. Mit der Mehltau- und Reblauskatastrophe entstanden dem Weinbau in der zweiten Hälfte des 19. Jhs. Schäden, von denen sich die Stadt samt ihrer Umgebung bis heute nicht erholte. Erstreckten sich die Rebgärten des Départements Yonne im 19. Jh. noch über eine Fläche von etwa 40 000 ha, so waren die Kulturen bis 1945 auf einen kümmerlichen Rest von 1000 ha geschrumpft. Seither hat sich die Anbaufläche wieder verdoppelt, und die qualitativ anspruchsvollen Chablis-Weine tragen mit ihrem bekannten Namen wieder zur Bedeutung von Auxerre bei.

Pont Paul-Bert ❶

Von keiner Seite zeigt sich die Gesamtansicht in so reizvollem Postkartenformat wie vom Ufer der Yonne – Grund genug, einen Spaziergang am Pont Paul-Bert zu beginnen.

Von der Brücke über den Fluss bietet sich das schönste Panorama mit den am Ufer vertäuten Lastkähnen, Ausflugsschiffen und Jachten, hinter denen sich die steinernen Fassaden der Kirchen erheben.

Cathédrale St-Etienne ❷

Bereits zu Beginn des 5. Jhs. n. Chr. stand an der Place St-Etienne am Ufer der Yonne ein erster Sakralbau, dem drei weitere folgten, ehe 1215 Bischof

❶ Pont Paul-Bert
❷ Cathédrale St-Etienne
❸ St-Germain
❹ Palais de Justice
❺ Hôtel du Cerf-Volant
❻ Musée Leblanc-Duvernoy
❼ St-Eusèbe
❽ Tour de l'Horloge
❾ Hôtel de Ville

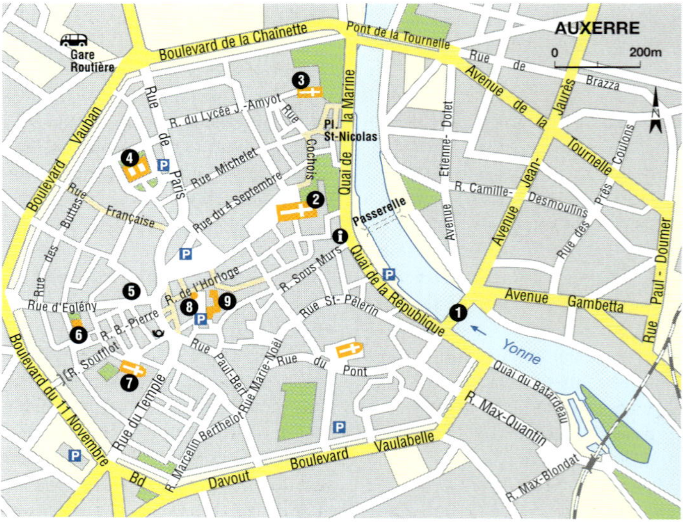

Weithin sichtbar steht am Ufer der Yonne die Kathedrale St-Etienne

Seite 52

Guillaume de Seignelay diese gotische Kathedrale in Auftrag gab. In den nachfolgenden 400 Jahren mauerten die Baumeister eine spätgotische Westfassade in den Himmel, die wie eine versteinerte Spitzenklöppelei aussieht. Nach ursprünglichen Plänen hätte die Kirche zwei Türme bekommen sollen, doch ging nach Errichtung des 70 m hohen Nordturms schlicht das Geld aus.

Besondere Aufmerksamkeit verdienen die Einzelstatuen und Figurengruppen der Fassade. In bewegten, ausdrucksstarken Szenen werden Begebenheiten aus dem Leben von Johannes dem Täufer am rechten Portal oder das Schicksal der Muttergottes erzählt. Am linken Portal werden die Sintflut und die Erschaffung des Menschen thematisiert. Das Tympanon über dem mittleren Portail du Jugement Dernier zeigt einen auf der Weltkugel ruhenden Christus, flankiert von Maria und Johannes. Die drei Portale zeigen Spuren von Vandalismus. Protestanten zerstörten 1567 in blinder Wut Teile des Dekors.

Der älteste Teil der Kathedrale, die von einem romanischen Vorgängerbau stammende dreischiffige Krypta aus der ersten Hälfte des 11. Jhs., ist kunsthistorisch in erster Linie wegen eines romanischen Freskos im Gewölbe der Apsis interessant. Die apokalyptische Darstellung zeigt Christus auf einem Schimmel reitend und von vier berittenen Engeln begleitet. In der Schatzkammer der Kirche sind Handschriften, Manuskripte und ziselierte Emailarbeiten aus dem 12. und 13. Jh. ausgestellt.

Tipp Juni–Sept. findet bei der Kathedrale tgl. um 22 Uhr ein grandioses **Licht- und Tonschauspiel** mit historischen Bezügen statt. Auskünfte unter Tel. 03 86 52 23 29.

St-Germain ❸

Zu Füßen der Abtei St-Germain umgeben am Quai de la Marine altersschräge Fachwerkhäuser die Place St-Nicolas mit einem Brunnen in der Mitte. Die Statue des Namenspatrons St. Nikolaus blickt aus der Nische einer verwitterten Hausfassade auf das bunte Treiben auf diesem gepflasterten Geviert, von dem eine schmale Straße zur ehemaligen Abteikirche St-Germain hinaufführt.

Die 841 begonnene und 24 Jahre später geweihte Krypta ist das bedeutendste karolingische Baudenkmal Frankreichs. Sie ist Teil des **Musée St-Germain** (Krypta-Zugang nur im Rahmen von Führungen, Öffnungszeiten: im Sommer alle halbe Stunde). Durch einige Kapellen verläuft ein Gang bis in den tief unter dem Straßenniveau liegenden Raum, dessen Boden aus gewachsenem Felsen besteht. In der Krypta steht neben den Gräbern von Würdenträgern der Sarkophag mit den Reliquien des später heilig gesprochenen fünften Bischofs Germain (um 378–448).

Seite 52

Prächtige Palais

Am **Palais de Justice ❹**, einem Bau des Architekten Piéplu aus dem 19. Jh., vorbei führt die Rue de Paris stadteinwärts zum ältesten Wohnhaus der Stadt, dem im 14. und 15. Jh. erbauten **Hôtel du Cerf-Volant ❺** an der Place Robillard. In der Nachbarschaft sind im **Musée Leblanc-Duvernoy ❻** (9 bis, rue d'Eglèny), einem eleganten klassizistischen Gebäude, Gobelins aus dem 18. Jh., Gemälde aus den vergangenen 300 Jahren, Töpferarbeiten, Fayencen und Mobiliar ausgestellt.

St-Eusèbe ❼

Neben den berühmteren Kirchen von St-Etienne und St-Germain führt dieser Sakralbau (Place St-Eusèbe) mit seinem auf das 12. Jh. zurückgehenden Turm ein Aschenbrödeldasein. Manche Besucher unternehmen noch heute einzig und allein die Fahrt ins

Dieser Glockenturm überspannt die Rue de l'Horloge

Burgund, um das etwa 1000 Jahre alte blaue, mit zwei Adlern verzierte Seidentuch zu sehen, in das der Leichnam des hl. Germain gehüllt worden sein soll.

Rue de l'Horloge

Schon zur Zeit der Römer war Auxerre von einer Mauer umgeben, durch die einige Tore in die Stadt führten. An der Rue de l'Horloge befand sich ein solcher Eingang, der im 15. Jh. durch ei-

Auxerres Münchhausen

Nahe der Tour de l'Horloge setzte die Stadt einem ihrer prominentesten Bürger, dem Gerichtsvollzieher Cadet Roussel, der bis ins 19. Jh. hinein eine Art Münchhausen von Auxerre war und heute noch in Kinderliedern als Einfaltspinsel besungen wird, ein farbenfrohes Denkmal.

Ein Stadtspaziergang führt immer über den Pont Paul-Bert

nen spätgotischen Torbogen mit der bleistiftspitzen **Tour de L'Horloge ❽** ersetzt wurde. Nebenan öffnet sich die von 400 Jahre alten Fachwerkhäusern umgebene Place de l'Hôtel de Ville mit dem klassizistischen **Hôtel de Ville ❾**.

Tipp Für die meisten Museen im Département Yonne gibt es ein **Kombiticket.** Für das erste Museum bezahlt man den vollen Preis, für die folgenden fünf nur noch den halben Preis, das siebte Museum ist gratis. Infos in den Museen.

Infos

i **Maison du Tourisme/Office de Tourisme,** 1–2, quai de la République, 89000 Auxerre, Tel. 03 86 52 06 19, Fax 03 86 51 23 27. Internet: perso.wanadoo.fr/ot-auxerre/office.htm. Alle Hotels und Restaurants sind auf der Internetseite www. burgund-tourismus.com/version2 vertreten.

Zugverbindung: Vom Gare Auxerre-St-Gervais (Tel. 03 86 46 46 93) dauert die Fahrt nach Dijon 2 1/4 Stunden, nach Paris 2 1/2 Stunden.
Busverbindung: Die meisten Busse halten an der Gare Auxerre-St-Gervais, die eigentliche Gare Routière (Rue des Migraines, Tel. 03 86 46 90 66) liegt etwas außerhalb. Busse in alle größeren Orte.

Tipp Im Département Yonne gibt es tolle Möglichkeiten zum **Rad fahren.** Informationen über Routen und Radverleihe bieten: **Service Loisirs Accueil Yonne,** 1–2, quai de la République, Tel. 03 86 72 92 10, E-Mail: sla@tourisme-yonne.com **Cycles Carvalho,** 81 r Pont, Tel. 03 86 51 55 26 und bei **Cycles Valerian Guenin,** 3, rue Eckmuhl, Tel. 03 86 51 28 06

Seite 52

Parc des Maréchaux, 6, av. Foch, Tel. 03 86 51 43 77, Fax 03 86 51 31 72; www.hotels-tradition.com/marechaux. Gepflegte Zimmer, teilweise mit Blick auf einen Park. ❍❍❍
▮ **Le Maxime,** 2, quai Marine, Tel. 03 86 52 14 19, Fax 03 86 52 21 70. Bestes Hotel am Platz, Zimmer in rustikalem Stil. ❍❍❍
▮ **Les Clairions,** RN 6 Nord, Tel. 03 86 94 94 94, Fax 03 86 48 16 38; www.clairions.com. Moderne, saubere Zimmer. ❍❍
▮ **Le Commerce,** 5, rue René-Schaeffer, Tel. 03 86 52 03 16, Fax 03 86 52 42 37. Mitten in der Altstadt mit schönen Räumen. ❍❍

Campingplatz: **Camping Municipal,** 8, route de Vaux, Tel. 03 86 52 11 15.

Le Jardin Gourmand, 56, bd Vauban, Tel. 03 86 51 53 52. Ausgezeichnete Küche mit raffinierten Desserts wie etwa karamellisiertem Bananenbrot. ❍❍❍
▮ **La Salamandre,** 84, rue Paris, Tel. 03 86 52 87 87. Das Lokal ist für seine vorzüglichen Fischgerichte bekannt. ❍❍

1

Seite 59

Tour 1

Burgundischer Vorgeschmack

****Dijon → Til-Châtel → **Abbaye de Cîteaux → Mont Afrique → Messigny-en-Vantoux (202 km)**

Côte d'Or, Goldküste, nennt sich das bekannteste burgundische Département, das sich seiner grandiosen Weine rühmt. Doch im Norden und Osten von Dijon sucht man vergeblich die ausgezeichneten Lagen mit den klingenden Namen. Bekanntlich geht man dort mit den auf Flaschen gezogenen Schätzen sparsam um. Weit und breit ist im Flusstal der Saône nichts von Weinbergen zu sehen. Es riecht im Herbst statt nach alten Holzfässern eher nach Kartoffelfeuern und Kohl, der auf den Feldern auf den ersten Frost wartet. Und statt in sparsam beleuchteten, duftenden Weinkellern zu sitzen, stöbert der Besucher eher in ehemaligen Festungsanlagen, die Burgund gegen die von den Habsburgern beherrschte Franche-Comté schützten.

Til-Châtel ❶

Die Ortschaft (800 Einw.) bewachte schon in gallo-römischer Zeit den Zusammenfluss von Ignon und Tille, die beide in die Saône münden. Die ruhige Landschaft muss schon damals anziehend auf die Menschen gewirkt haben, denn bei Grabungen stießen Archäologen auf alte Gräber, Spuren menschlicher Besiedlung und Reste eines römischen Aquädukts. Durch ein romanisches Portal betritt man die **Eglise St-Florent,** in der ein Taufbecken aus dem 9. Jh. steht und einige Kapitelle von ausgefallenen Verzierungen geschmückt werden.

Die romanische Kirche St-Florent in Til-Châtel

Pontailler-sur-Saône ❷

Aufgrund seiner vielen Brücken (frz. *pont*) spielte Pontailler-sur-Saône eine wichtige Rolle als Übergang über die Saône. Heute sind nur noch zwei Brücken übrig. Der Ort macht einen eher verschlafenen Eindruck.

Auxonne ❸

Der Ort (800 Einw.) entstand als eine wichtige Bastion zum Schutz der östlichen Grenze Burgunds zur benachbarten Franche-Comté hin, die früher ein Teil des Habsburgerreichs war.

Reisende haben in Auxonne Gelegenheit, sich am Beispiel der mittelalterlichen Kirche **Notre-Dame** an der Place d'Armes mit burgundischer Ar-

Das frühgotische Kirchenschiff von Notre-Dame in Auxonne

Im Hafen von St-Jean-de-Losne

1 Seite 59

chitektur anzufreunden. Jüngeren Datums ist die offene und mit figürlichen Ornamenten geschmückte Vorhalle aus dem 15. Jh.

Neben der Kirche steht Napoleon auf dem Sockel eines Monuments. 1788 kam er als 18-jähriger in die Stadt und absolvierte bis September 1789 die Artillerieschule, die in einem 1759 bis 1763 aus rosafarbenem Jurastein erbauten Komplex untergebracht war, der heute unter dem Namen **Quartier Bonaparte** (Rue du 8e Chasseurs) bekannt ist. Nachweislich hielt sich der Korse mehrmals im **Château** am Ufer der Saône auf. Heute ist ihm in den Schlossräumen ein kleines Museum gewidmet. Im 17. Jh. wurde der Komplex in eine neue Verteidigungsanlage einbezogen, noch ehe 1826 die südlichen Stadtbefestigungen in unmittelbarer Nähe der alten Bastion entstanden.

Weinkundige Führung

Führungen durch die Weinberge, wobei man viel über die Rebenpflege erfährt, mit anschließender Weinprobe in den alten Kellern bietet die **Organisation Wine and Voyage** an (B.P. 107, 21703 Nuits-St-Georges, Cedex, Tel. 03 80 61 15 15.

Office du Tourisme, Place d'Armes, 21130 Auxonne, Tel. 03 80 37 34 46, Fax 03 80 31 02 34.

Hôtel du Corbeau, 1, rue de Berbis, Tel. 03 80 31 11 88, Fax 03 80 31 08 95; www.hotel-du-corbeau.com. Klein, es gibt nur zehn Zimmer. ❍❍

Auberge du Cheval Rouge, im 5 km entfernten Villers-Les-Pots, Tel. 03 80 27 07 07, Fax 03 80 31 17 01. Einfachere Unterkunft mit eigenem Restaurant. ❍

Virion, Les Maillys (8 km), Tel. 03 80 39 13 40. Ausgezeichnete Regionalküche. ❍❍

St-Jean-de-Losne ❹

St-Jean-de-Losne ist noch näher ans Wasser gebaut als Auxonne, teilte mit ihm in der Vergangenheit aber das Schicksal einer Stadt an der Grenze zwischen Frankreich und dem Heiligen Römischen Reich Deutscher Nation. Dort trifft sich die Saône mit den beiden künstlichen Wasserwegen, dem Rhein-Rhône-Kanal und dem Canal de Bourgogne. Zudem fließt in der Nähe dieser »Wasserkreuzung« der Marne-Kanal vorbei, sodass sich die Ort-

1

Seite 59

schaft bestens als Ausgangspunkt für eine Fahrt mit einem Hausboot eignet. Im Juli findet beim Pardon des Mariniers eine große Wasserprozession blumengeschmückter Schiffe und Frachtkähne statt. Im Hafen **Port de Plaisance** liegen in der Hochsaison Hunderte von Schiffen vor Anker.

**Abbaye de Cîteaux ❺

Neben Cluny spielte in der geistigen und religiösen Geschichte Burgunds die Abbaye de Cîteaux eine herausragende Rolle. Mit einer Gruppe von Cluny-Abweichlern gründete Abt Robert de Molesme dort 1098 den Orden der Zisterzienser, wodurch er sich bewusst gegen die Prachtentfaltung von Cluny wandte. Hauptfigur des Reformklosters wurde im 12. Jh. der große Bernhard von Clairvaux (s. S. 24), der 1115 zum Abt gewählt wurde. Im Zuge der Französischen Revolution erlebte das berühmte Kloster seinen Niedergang und wurde in der Folgezeit für profane Zwecke genutzt. Erst im ausgehenden 19. Jh. kehrten die Mönche in die wenigen noch verbliebenen Klostergebäude von Citeaux zurück.

Bei einem geführten Rundgang werden die Bibliothek aus dem 15. Jh. und das Definitorium aus dem 17. Jh. gezeigt. Eine audio-visuelle Show vermittelt Einblicke ins Klosterleben.

Öffnungszeiten: Mitte Mai–Mitte Okt. tgl. außer So 9.45-18.30 Uhr, Internet: www.citeaux-abbaye.com

Entlang der Haute Côte

Im Süden von Dijon quert diese Tour bei Nuits-St-Georges (s. S. 64 f.) die Route des Grands Crus (s. S. 60 ff.). Die Straße windet sich nun an den abgeflachten Flanken zur Haute Côte hinauf, einem lang gestreckten Höhenzug aus Kalkstein im Süden von Dijon mit Wäldern, Wiesen und ländlichen Ortschaften. Der ausgeprägte Provinzcharakter beflügelte den burgundischen Dichter Lamartine, den Landstrich als »französisches Sibirien« zu bezeichnen.

Mont Afrique ❻

Wie eine längst verfallene und von der Natur zurückeroberte Burg erhebt sich im Norden mit dem 600 m hohen Mont Afrique der Hausberg der Gegend. Im Sommer blühen an seinen Flanken riesige Klatschmohnfelder, deren leuchtendes Rot einen wunderschönen Kontrast zum Goldbraun der wogenden Getreideäcker bildet. Schon in vorchristlicher Zeit müssen die Menschen die strategische Bedeutung der Erhebung erkannt haben. Münzen aus der damaligen Zeit und Relikte aus der Eisenzeit lassen jedenfalls den Schluss zu, dass der Berg in grauer Vorzeit besiedelt war.

Ab Pont de Panny ❼ verläuft die Landstraße auf 5 km fast parallel zur Autobahn, bevor es ab Sombernon in die beschauliche Ländlichkeit nach Val-Suzon geht. Dichter Laubwald säumt den Lauf der Suzon. Die Gegend ähnelt einem Naturschutzgebiet, in dem es außer dem Straßenbau keine Eingriffe des Menschen in die Landschaft gegeben hat.

Val-Suzon ❽

Der Ort besteht aus drei Teilen. Das gleichnamige Flüsschen mäandert durch das breiter werdende Tal durch feuchte Wiesen. Mancherorts stellen sich leuchtende Kalkklippen wie geschliffene Burgruinen vor bewaldeten

1
Seite 59

Berghängen in den Weg. In prähistorischer Zeit befanden sich zu beiden Seiten des Suzontals Siedlungen. Archäologen fanden heraus, dass sich die ersten Menschen dort bereits in der mittleren Jungsteinzeit vor ungefähr 5000 Jahren aufgehalten haben müssen. Für die Spanne knapp 2000 Jahre vor Beginn unserer Zeitrechnung dokumentierten Funde wie Mahlsteine und diverse Werkzeuge die Existenz einer Hirtenkultur, die in der Jungsteinzeit in weiten Teilen des restlichen Burgund nachweisbar ist.

An den Flanken des Tals wuchsen damals befestigte Siedlungen wie das **Châtelet d'Etaules** und das **Châtelet de la Fontaine-au-Chat** außerhalb von Val-Suzon-Bas, Ziele die nur auf Wanderwegen erreichbar sind. Obwohl schon allein die Standorte der Siedlungen für Schutz sorgten, entstanden um 800 v. Chr. die ältesten Befestigungen in Form eines Walls aus Kalksteinplatten.

Hostellerie du Val-Suzon, Val-Suzon, RN 71, Tel. 03 80 35 60 15, Fax 03 80 35 61 36; www.tablesdecharme.com. Mitten in einem Blumengarten gelegen. Restaurant und Hotel passen sich dem ländlichen Charme der Landschaft an. ❍❍

Restaurant des Cultivateurs, 12, rue Général de Gaulle, Tel. 03 80 61 10 41. Das Restaurant am Ortsrand von Val-Suzon ist für einfache, bodenständige Gerichte und vernünftige Preise bekannt. ❍

Messigny-le-Vantoux ❾

Am Ortsrand liegt das große Freizeitzentrum **Domaine Ste-Anne** mit vielen Sportangeboten (Tel. 03 80 44 92 70, www.lacigogne.net). Richtung Dijon passiert man schließlich das Schloss Vantoux-les-Dijon (18. Jh.).

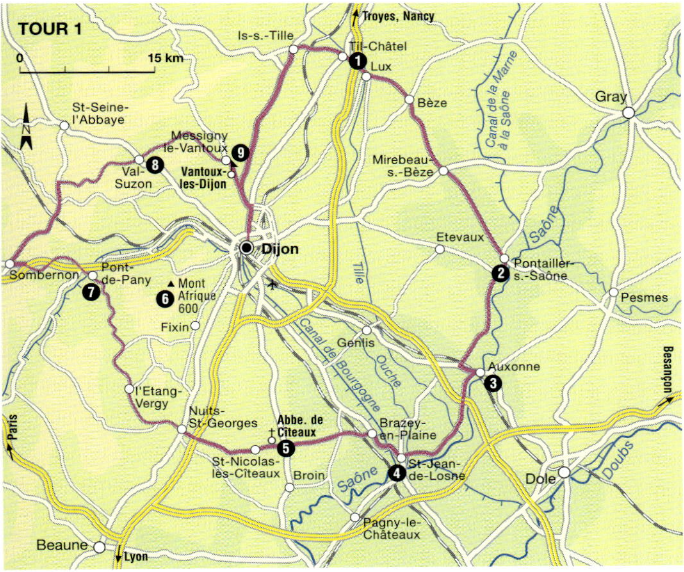

Tour 2

2

Seite 63

Paradies der goldenen Tropfen

****Route des Grands Crus von **Dijon nach Chalon-sur-Saône (160 km)**

Triumphstraßen sind in Frankreich gemeinhin den großen Feldherren und berühmten Generälen gewidmet. In Burgund kam die Ehre einer solchen Siegesallee dem Wein zu, der dem Namen Frankreichs in aller Welt wahrscheinlich eine weitaus größere Geltung verschaffte als sämtliche Militärs und Oberkommandierenden zusammen. An der Route des Grands Crus führt Bacchus das Zepter in Orten mit klingenden Namen wie Gevrey-Chambertin, Meursault und Vougeot. Hie und da zieht sie sich durch die grünen Weinplantagen auf die abgelegenen Höhenzüge der Haute Côte hinauf, wo fernab der großen Verkehrsverbindungen winzige Dörfer mit bäuerlichen Ortsbildern locken.

Fixin ist unter Weinkennern eine bekannte Adresse

**Route des Grands Crus

Am südlichen Stadtrand von Dijon (s. S. 34) begann früher jenes berühmte Weingebiet von ganz Burgund, das dem Département Côte d'Or seine fabelhafte internationale Reputation verschaffte. Inzwischen hat sich die gefräßige Stadtlandschaft so weit ausgedehnt, dass auf den ehemaligen Rebhängen von Chenôve Häuserreihen, Supermärkte und Industriegebiete stehen. Heute ist die Weinlandschaft nach den Lagen in »Côte de Nuits« und »Côte de Beaune« unterteilt. An die alten Zeiten erinnert in Dijon nur noch die Cuverie des Ducs de Bourgogne. In diesem ehemaligen Gärkeller der Herzöge von Burgund sind zwei Pressen aus dem 13. Jh. ausgestellt. Mit solch vorsintflutlich anmutenden Gerätschaften arbeiteten früher auch die Winzer von Fixin, wo die Route des Grands Crus, die »Champs-Elysées der edlen Weine«, beginnt.

Diese Weinstraße (s. S. 6 f.) zieht sich am Westufer der Saône entlang durch die weltbekannten sonnenverwöhnten Weinberge. Der dort gekelterte rote und weiße Wein durfte schon bei höfischen Festen in Versailles zur Zeit der absolutistischen Könige an keiner Tafel fehlen. Dass die Reben gerade auf diesen terrassierten und windgeschützten Hängen etwa 220 m über der Flussebene so sehr gut gedeihen, liegt einerseits am kalkhaltigen Boden, andererseits an der relativen Trockenheit und am morgendlichen Sonnenschein, der den Trauben ihren Zuckergehalt verschafft.

Ein Weingut in der Umgebung von Fixin

Fixin ⑩

Das Weindorf, vom Grün der Weingärten bis unter die Dachtraufen der Häuser zugewachsen, zieht schon aus der Ferne den Blick durch seinen fröhlich-bunt gemusterten Kirchturm auf sich. Aus dem Ort stammte Claude Noisot, seines Zeichens Offizier der kaiserlichen Garde und treuester Gefolgsmann Napoleons. Seine Verehrung für den großen Korsen ging soweit, dass er beim Starbildhauer François Rude aus Dijon ein Denkmal mit dem Titel »Napoleons Erweckung zur Unsterblichkeit« in Auftrag gab. Zu besichtigen ist der in Bronze erstarrte Kaiser im **Parc Noisot.** Das Museum beherbergt napoleonische Memorabilien.

Tipp Im Weingut **Joliet Père et Fils** haben schon viele Besucher ihren Lieblingstropfen entdeckt (Manoir de la Perrière, Tel. 03 80 52 47 85, E-Mail:benigne@wanadoo.fr).

Gevrey-Chambertin ⑪

Vom Nachbarort Gevrey-Chambertin bezog der Kaiser der Franzosen seinen Lieblingswein, der noch immer auf einem nur 13 ha großen Areal gezogen wird. Mitte des 19. Jhs. war dies die einzige Gemeinde im Département

Die edlen Weine reifen in uralten Fässern

Côte d'Or, die mit Erlaubnis der Verwaltung ihrem Ortsnamen die beste Lagebezeichnung, nämlich Chambertin, hinzufügen durfte.

Tipp Jeweils am ersten Septemberwochenende findet das populäre Fest **Le Roi Chambertin** statt, bei dem ein prominenter Franzose zum König gewählt wird. Das Publikum interessiert vor allem das Verkosten der berühmten Weine.

Schluchtenwanderung

Typisch für die gesamte Côte d'Or und lohnend für Wanderungen sind die *combes*. Es handelt sich hierbei um teilweise tiefe Schluchten, die sich das von den Höhen abfließende Wasser grub. Vom westlichen Ortsrand von Gevrey-Chambertin führt ein Abstecher in die nördlichste Schlucht der Côte de Nuits, die **Combe de Lavaux,** die von der Route des Grands Crus abzweigt und die Höhenzüge der Haute Côte zerfurcht. Am Eingang des 100 m tiefen Einschnitts liegt ein Parkplatz, von dem ein Weg durch den Bois du Château Renard in die Seitenschlucht **Combe St-Martin** und zurück zum Ausgangspunkt führt.

2
Seite 63

2

Seite 63

Die ausgedehnten Rebgärten entlang der viel befahrenen Triumphstraße der Burgunderweine geben im Laufe der Zeit ein eher eintöniges Bild ab, wenngleich gelegentlich ein mit Traubenmotiven verzierter schmiedeeiserner Zaun oder ein herrschaftlicher Eingang mit dem Namenszug eines berühmten Weinguts die Szenerie auflockern. Der eine oder andere Umweg ins bergige Hinterland der Haute Côte bringt Abwechslung in die Tour.

Chambœuf ⓬

Die Straße windet sich an steilen Felsabbrüchen vorbei in Serpentinen bergan zum Weiler Chambœuf, Partnerort von Nierstein an der Deutschen Weinstraße. Die kleine Kirche macht deutlich, dass die Weinproduktion für Kunst, Geschichte und Religion nicht allzu viel Zeit lässt. Die etwa zwei Dutzend auf Sockeln stehenden Statuen sind mit Spinnweben an den Wänden befestigt, und auf dem Kirchengestühl sammelt sich der Staub.

Abbaye de St-Vivant

Ab Chambœuf schlängelt sich die Nebenstraße vorbei an Viehweiden, Wäldern und Äckern eines Hochplateaus, von dem der Blick weit über das Tal der Saône reicht. Über l'Etang Vergy zieht sie sich nach Reulle-Vergy zur Abbaye de St-Vivant aus dem 12. Jh. Nur ein paar Schritte von der Kirche entfernt liegen der Aussichtspunkt Belvedere und die Ruinen des **Château de Vergie.** Das Heimatmuseum vor Ort, **Centre des Arts et Tradition de Haute Côte,** beschäftigt sich mit der Geologie, Archäologie, der Tier- und Pflanzenwelt sowie den Traditionen und Hausformen der Haute Côte.

Vougeot ⓭

Berühmtestes Weingut der Côte de Nuits ist **Clos de Vougeot** in Vougeot (Tel. 03 80 62 86 13, Internet: www.rebourseau.com, Öffnungszeiten: Okt. bis März tgl. 9.30–18.30 Uhr, April bis Sept. 9.30–19.30 Uhr). Wo sich das Schloss wie ein grauer Fels aus einem Meer von Weinstöcken erhebt, dehnte sich im 12. Jh. Brachland aus, das der

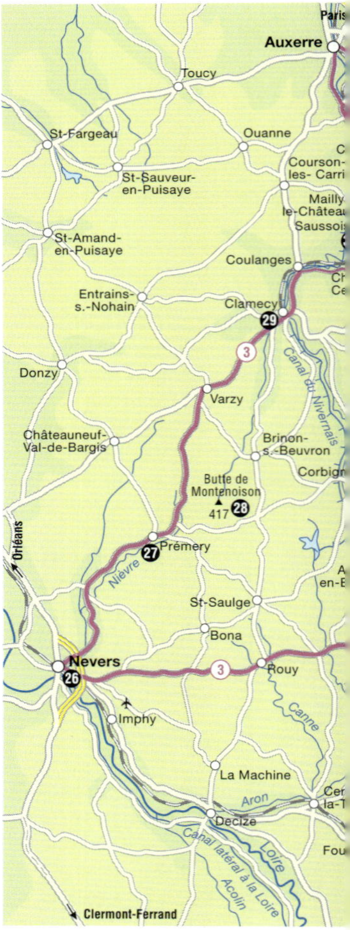

Orden der Zisterzienser im Tausch gegen zwei Mönchskutten erwarb. Sie bauten darauf ein Kloster und pflanzten rund um die Mauern Rebstöcke, die im Laufe der Zeit zu großen Kulturen heranwuchsen. Im 16. Jh. wurden die im Renaissancestil ausgeführten Trakte errichtet, doch verfiel der schlossähnliche Bau nach der Französischen Revolution immer mehr, ehe ihm unter der »Confrérie des Chevaliers du Tastevin« eine neue Zukunft heraufdämmerte. Die Weinbruderschaft trat in die Fußstapfen der seit dem 17. und 18. Jh. bestehenden ähnlichen bacchantischen Organisationen. Die Gründungsversammlung fand am 16. November 1934 im Städtchen Nuits-St-Georges in der Absicht statt, den Verkauf der guten Tropfen aus der Region werbewirksam voranzutreiben und dem Produkt eine Qua-

Seite 63

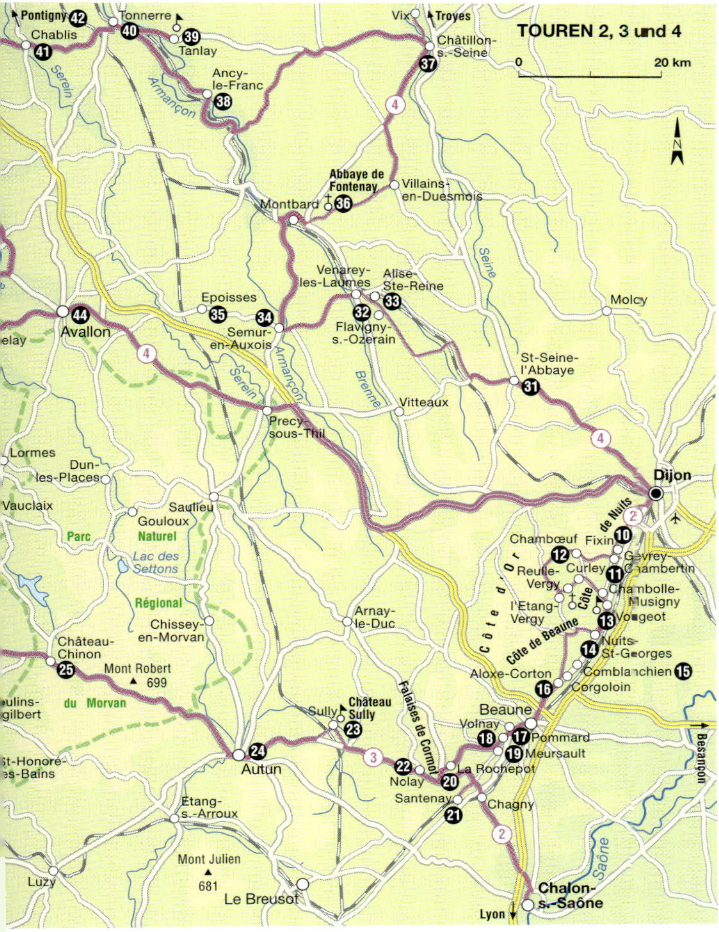

2

Seite 63

Der Speisesaal im Weingut Clos de Vougeot

Nuits-St-Georges ist Mittelpunkt der Weinlandschaft Côte de Nuits

litätsnorm zu verschaffen. Heute treffen sich die in prunkvolle rote Roben gekleideten »Ritter des burgundischen Weins« in ihrem Schloss alljährlich am dritten Samstag im November zum Auftakt des dreigeteilten Festes der Trois Glorieuses (s. S. 20, 26).

Nuits-St-Georges ⓮

Der charmante Ort mit seinen kleinen Ladengeschäften und engen Gassen zählt gerade mal 5500 Einwohner. Er ist dennoch städtischer Mittelpunkt der gesamten Weinlandschaft, genannt Côte de Nuits, die von Fixin bis nach Corgoloin reicht. Der Name des Städtchens weckt keine Erinnerungen an historische Schlösser oder grandiose Abteien. Von Interesse könnte der im 17. Jh. erbaute **Uhrturm** sein, der früher zum Rathaus gehörte. Das zweite sehenswerte Gebäude ist die romanische Kirche **St-Symphorien.**

Der Ort ist Weinkennern ein Begriff, woran Louis XIV nicht ganz unschuldig ist. Als der Sonnenkönig unter einer Fistel litt, verschrieb ihm sein Leibarzt, Dr. Fagon, ein Glas Rotwein aus Nuits-St-Georges als heilendes und stärkendes Tonikum zu jeder Mahlzeit. Das machte den ganzen Hof von Versailles süchtig nach diesem Wein. Die Leidenschaft für diesen Wein ging sogar so weit, dass Madame de Pompadour heimlich den Weinberg Romanée bei Nuits-St-Georges kaufen ließ, um ihren Geliebten Louis XV fit zu halten.

Adeliges Weinseminar

Es versteht sich von selbst, dass zu einem stilechten Seminar über das Thema Burgunderwein in einen schönen Adelspalast wie z. B. die Domaine Comtesse Michel de Loisy außerhalb von Nuits-St-Georges (Tel. 03 80 62 37 96) inmitten der Weinberge geladen wird. Auf diesem Weingut logiert der Gast vornehm in einem der fünf Fremdenzimmer. Bei Vollpension lässt er sich – unterbrochen von Ausflügen in die Rebgärten und Führungen durch die unterirdischen Keller und Gänge – inklusive der üblichen Weinproben in die Geschichte der burgundischen Spitzenerzeugnisse einweihen. Die französische Lebensart kommt dabei ebenso wenig zu kurz wie die vielen Legenden und Schwänke, die sich um die edlen Tropfen ranken.

Office de Tourisme, Rue Sonoys, 21700 Nuits-St-Georges, Tel. 03 80 62 01 38, Fax 03 80 61 30 98, Internet: www.ot-nuits-st-georges.fr

La Gentilhommière, 13, Vallée Serrée, Tel. 03 80 61 12 06, Fax 03 80 61 30 33; www.lagentilhommiere.fr. Modern, im Stil eines Motels, große Zimmer. ❍❍❍
Hôtel de la Côte d'Or, 37, rue Thurot, Tel. 03 80 61 06 10, Fax 03 80 61 36 24. Klein, aber fein, mitten im Herzen der Altstadt. ❍❍❍
Hôtel Le Saint-Georges, Carrefour de l'Europe, Tel. 03 80 62 00 62, Fax 03 80 61 23 80; www.le-saint-georges.fr. Modernes Mittelklassehotel. ❍❍
Hôtel de l'Etoile, 5, place de la Libération, Tel. 03 80 61 04 68. Das Haus bietet keinen großen Komfort. ❍

Château de Gilly, 6 km nordöstlich in Gilly-lès-Cîteaux, Tel. 03 80 62 89 98. Superbe Fisch- und Fleischspeisen in einem ehemaligen Klosterkeller. ❍❍❍
La Côte d'Or (im Hôtel de la Côte d'Or). Raffiniertes Austernragout, fabelhafte Weinauswahl. ❍❍

Erzeugnisse vom Land, z. B. Obst und selbst gemachte Marmelade, schmecken am besten direkt vom Produzenten, etwa von **Sylvain und Isabelle Olivier,** Hameau de Concœur bei Nuits-St-Georges, Tel. 03 80 62 36 25.

Comblanchien ⓯

Im Unterschied zu anderen Dörfern an der Route des Grands Crus verdient man seinen Lebensunterhalt in Comblanchien nicht mit Rot- oder Weißweinen, sondern mit lachs- und elfenbeinfarbenem Kalkstein. Er wird aus den steilen Abhängen der Haute Côte gebrochen und als »Burgundischer Marmor« auf den Markt gebracht.

Tipp In Comblanchien besteht noch einmal die Möglichkeit, einen weiteren landschaftlich reizvollen **Abstecher ins bergige Hinterland** zu unternehmen: Die Tour verläuft gen Westen durch die Combe Pertuis nach Bruant, südlich entlang dem Flüsschen Rhoin und zurück auf die RN 74 zum Ausgangsort.

2
Seite 63

Aloxe-Corton ⓰

Aloxe-Corton blickt auf eine längere Weintradition zurück als die meisten anderen Winzerdörfer. Karl der Große nannte dort schon vor über 1000 Jahren Weinberge sein Eigen, die heute noch den Namen Corton-Charlemagne tragen und hervorragende Weiß- und Rotweine hervorbringen.

Die alteingesessene Winzerfamilie Latour besitzt ein sehenswertes Weingut mit einem wirklich grandiosen Kellergewölbe (19. Jh.): **Domaine Latour,** Tel. 03 80 26 42 63. Edle Tropfen in Premier- und Grand Crus-Qualität hält auch das **Chateau Corton-André** zur Degustation bereit, Tel. 03 80 26 44 25, E-Mail: pandre@axnet.fr

Pommard ⓱

Der Name des hübschen Ortes löst bei Rotweinkennern eine tiefe Ehrfurcht aus. Die Bezeichnung leitet sich von Pomona, der römischen Göttin der Baumfrüchte, ab, wenngleich die Gemeinde eher Grund hätte, seit Jahrhunderten Bacchus zu verehren. Die

2

Seite 63

Die wuchtige Kirche St-Nicolas in Meursault

robusten und säurereichen Rotweine gehörten zu den Favoriten eines Henri IV, Louis XV und Victor Hugo.

Volnay ⓲

Die malerische Gesamtansicht dieser Gemeinde muss den Vergleich mit ähnlich hübschen Siedlungen nicht scheuen. Die lokalen Winzer lieferten ihre Spitzenerzeugnisse schon vor Jahrhunderten an den Hof von Versailles, wodurch im heutigen Jargon der Marketingstrategen gesprochen die französische Krone ungewollt zum Werbeträger der burgundischen Spitzenweine wurde. Die **Place de la Mairie** ist wie eine kleine, mit Bäumen bestandene Aussichtsterrasse oberhalb der berühmten Rebgärten angelegt.

Meursault ⓳

Weinkenner fahren mit fast schlafwandlerischer Sicherheit von Volnay direkt nach Meursault, jenem Ort, der

Altar von St-Nicolas in Meursault

auf fast jeder französischen Weinkarte einen prominenten Platz einnimmt.

Der Ort (1600 Einw.) wird bereits dem Anbaugebiet Côte de Meursault zugerechnet. Er gehört zu jenen Hochburgen, die sowohl rote als auch weiße Weine der Spitzenklasse produzieren. Der Ortsname soll vom lateinischen *muris saltus* (»Rattensprung«) abgeleitet sein, womit das Tal gemeint ist, das die Côte de Meursault von der Côte de Beaune trennt. Über die

Farnkraut und Karamell

Alljährlich werden im Anbaugebiet Côte de Meursault rund 15 000 Hektoliter Premiers Crus gekeltert. Namen wie »Les Gouttes d'Or«, »Les Charmes« oder »Les Perrières« führen die Liste der weltbekannten Spitzenerzeugnisse an. Die Duft- und Geschmacksnuancen, die diese Weine auszeichnen, hören sich geradezu abenteuerlich an. Die Varianten reichen von Farnkraut bis zu Blumen, Karamell und gebrannten Mandeln. »Wer Meursault trinkt, lebt und stirbt nicht dumm«, sagt ein doppeldeutiges Sprichwort.

Im 14. Jh. wurde das Hôtel de Ville in Meursault errichtet

Blick auf die malerisch wehrhafte Ritterburg von La Rochepot

2

Seite 63

Dächer ragt der Turm von **St-Nicolas** hinaus. Die ältesten Teile der Kirche stammen aus dem 14. Jh. Der Glockenturm entstand nach dem Vorbild der Kathedrale von Autun, nachdem ein Brand 1480 den Vorgängerbau zerstört hatte.

Tipp Ein wichtiges Datum ist der dritte Montag im November. Mit vielen Gästen aus ganz Burgund wird als Letztes der drei großen regionalen Weinfeste die **Paulée** gefeiert. Ursprünglich begingen die Winzer dieses Fest mit einem gemeinsamen Essen im kleinen Rahmen.

Wer sich nach einer Weinprobe in Meursault stärken möchte, kehrt am besten im **Relais de la Diligence** ein, wo der Wirt sein gastronomisches Handwerk perfekt versteht (etwa 2,5 km außerhalb an der D 23, Tel. 03 80 21 21 32; ❍❍).

Meursault bildet zusammen mit seinen beiden südlichen Nachbarn **Puligny-Montrachet** und **Chassagne-Montrachet** ein wahres Weißwein-Triumvirat, dessen Erzeugnisse den Schriftsteller Alexandre Dumas zu der Bemerkung hinrissen, man sollte diese Weine nur kniend, mit bloßem Haupt genießen.

Tipp Ein lohnender Umweg führt über **Monthélie** und **St-Romain,** zwei idyllische Ortschaften, die den Charme alter Dörfer mit verwinkelten Gassen und Plätzen in die auf Dauer monoton wirkende Landschaft der Côte d'Or bringen.

La Rochepot ⑳

Einer mittelalterlichen Märchenkulisse vergleichbar, bestimmt im Weiler La Rochepot das eindrucksvolle **Château de la Rochepot** das Bild (Öffnungszeiten: April–Juni und Sept. 10–11.30, 14–17.30 Uhr, Juli bis Aug. 10–18 Uhr, Okt. 10–11.30, 14–16.30 Uhr; Di geschl.). Doch der Schein trügt. Die Ritterburg entstand auf Betreiben der Witwe des vierten französischen Staatspräsidenten Marie François Sadi Carnot (1837–1894) anhand überlieferter Pläne, mit denen die Ruine des Vorgängerbaus saniert wurde. In diesem Schloss erblickte 1428 der spätere Diplomat und Staatsmann Philippe Pot das Licht der Welt. Als Botschafter der burgundischen Herzöge am englischen Hof machte er sich in London einen Namen. Das wehrhafte Schloss besticht durch seine hinreißende Lage und die Vermischung unterschiedlichster Bauformen.

2

Seite 63

Santenay ㉑

Santenay ist der südlichste Punkt des burgundischen Weinparadieses. Wie in Comblanchien trägt nicht nur der Rebensaft, ein bei Weinkennern beliebter vollmundiger Pinot noir, zur gesicherten Existenzgrundlage bei, sondern in diesem Fall ein lithiumhaltiges Mineralwasser, von dessen Heilwirkung sich die vielen Kurgäste Linderung bei Leiden, wie z. B. Rheuma, erhoffen. Dennoch: Auch die am Ufer des Flüsschens Dheune liegenden Ortschaften kommen nicht ganz ohne Rebflächen aus, wie die ausgedehnten Kulturen rings um das Städtchen zeigen.

Zwei Türme flankieren die mit Efeu überwucherte Fassade der **Hostellerie du Château de Bellecroix,** östlich von Santenay. Das putzige Anwesen stammt aus dem 12. Jh. und wurde im 18. Jh. zur Verwaltung des Ordens der Malteserritter umgebaut. Die Fenster der 21 Räume öffnen sich zum Park hin und sind in verschiedenen Stilen ausgestattet (Chagny, 6, route Nationale, Tel. 03 85 87 13 86, Fax 03 85 91 28 62; ○○).

Wer weder mit dem hoch gelobten Wein noch mit dem gesunden Mineralwasser etwas anfangen kann, versucht sein Glück vielleicht im **Spielkasino** beim Roulette, Black Jack, Baccarat, beim Würfeln oder an einem der cira 80 Spielautomaten (9, av. des Sources).

Tipp Santenay, knapp 20 km nördlich von Chalon-sur-Saône (s. S. 88) gelegen, bietet sich als guter Ausgangspunkt für eine Tour durch das sanfte Gebirgsland des Mâconnais mit seinen berühmten romanischen Baudenkmälern an.

Tour 3

Das grüne Herz von Burgund

Nolay → **Autun → Nevers → Cravant (210 km)

Der Eindruck mag täuschen, aber Wald und Wiesen des Morvan wirken so frisch und unverdorben, dass man ihr herbes Grün zu riechen glaubt. Legenden von Druiden und Fabelgestalten bevölkern die Landschaft im Herzen von Burgund, die schon immer der unbekannte, geheimnisvolle Hinterhof der herzöglichen Residenzen war. Seit die Menschen der größeren Städte die Natur wieder entdecken, entwickelte sich der Landstrich mit seinen Stauseen zu einem attraktiven Naherholungsziel mit kulturellem Beiprogramm.

Im Südwesten von Beaune dehnt sich der letzte Teil der Region Côte d'Or mit sanft ansteigenden Weinbergen und Ortschaften aus, in denen im Herbst der Geruch von frisch vergorenem Traubensaft in den Straßen hängt.

Auf dem kurzen Weg nach Nolay (1600 Einw.) am Ufer der Cosanne enden die Weinberge, wird die Landschaft abwechslungsreicher.

Nolay ㉒

Das Städtchen ist Geburtsort von Lazare Carnot (1753 bis 1823), nach dem im ganzen Land viele Straßen und Plätze benannt sind. Der Mathematiker und Staatsmann übernahm 1793 das französische Kriegsministerium. Überregionale Berühmtheit erlangte

Nolay schmückt sich mit einer mittelalterlichen gedeckten Markthalle

Stolze Mauern: das 1570 erbaute Wasserschloss Sully

3
Seite 63

er durch den Aufruf zur *Levée en masse*. Aufgrund dieses Erlasses formierten sich die Massenheere der Französischen Revolution. Sein Denkmal steht vor seinem Geburtshaus.

An längst vergangene Zeiten erinnert die aus groben Kastanienholzbalken gezimmerte und mit Kalksteinplatten gedeckte **Markthalle,** in der die Bauern des Umlandes ihre landwirtschaftlichen Erzeugnisse an den Kunden bringen.

Die **Kirche** in der Nachbarschaft der Markthalle wurde im 15. Jh. begonnen, später verändert und nach einem Brand grundlegend restauriert. Interessanter dürfte der mit Krabben besetzte Steinturm sein, in dessen Schatten sich mittelalterliche Häuser mit kleinen Läden ducken.

Château Sully ㉓

Das majestätische Schloss bezeichnete Madame de Sévigné (1626 bis 1696) in ihren Briefen als das »Fontainebleau von Burgund«. Der beeindruckende Renaissancebau umschließt mit seinen vier riesigen Trakten und Ecktürmen einen Innenhof. (Öffnungszeiten: Führungen ganzjährig nach Voranmeldung, Tel. 03 85 82 09 86.)

Tipp Sportliche Herausforderungen unterschiedlicher Schwierigkeitsgrade bieten die nördlich von Nolay liegenden **Falaises de Cormot.** Bis in den Herbst hinein trainieren Kletterer an den teils schwierigen Steilabbrüchen der **Vallée de la Tournée** am äußersten Ende der Schlucht. In der **Grotte de la Tournée** nimmt ein Seitenarm der Cosanne seinen Lauf, während der andere sich in einem imposanten Wasserfall zu Tal stürzt. Auch ohne Seil und Karabinerhaken kann man sich diese Gegend, etwa auf dem Wanderweg **Cirque du Bout du Monde,** ab Vauchignon erwandern.

**Autun ㉔

Die Stadt (22 000 Einw.) feiert 2000 ihr 2015. Gründungsjahr. Schon bevor die römischen Legionen Gallien unterwarfen, war das alte Bibracte auf einem sanften Hügel im Tal des Flüsschens Arroux die Hauptstadt des Stammes der Häduer. Trampelpfade und Handelswege liefen hier zusammen. Die Funktion einer Verkehrs-

In Autun ließ Cäsar das größte Theater Galliens errichten

Das Jüngste Gericht am Westportal der Kathedrale St-Lazare in Autun

3

Seite 63

drehscheibe behielt der Flecken auch bei, nachdem die Römer dort 15 v. Chr. ihre gallo-römische Hauptstadt Augustodunum gründeten.

Zweitausend Jahre Geschichte haben Autun verändert, wenngleich sich manche Straßenszenen damals ähnlich abgespielt haben mögen wie heute. An den Markttagen Mittwoch und Freitag etwa, wenn die Bauern des Umlandes ihre Standnachbarn mit einem kräftigen Handschlag und einem *ballon de blanc,* einem gut gekühlten Gläschen Weißwein, begrüßen. Viele von ihnen karren ihre Waren durch die alten römischen Stadttore **Porte St-André** an der RN 81 und **Porte d'Arroux** an der D 980 zum Marktplatz oder fahren vorbei am **Théâtre Romain** an der Avenue du Deuxième Dragons, dem größten Amphitheater Galliens mit Platz für 15 000 Zuschauer. Wahrscheinlich entstand die Anlage um 70 n. Chr. Noch heute lässt sie ihre imponierenden Ausmaße und ihr architektonisches Konzept deutlich erkennen.

Wind und Wetter, Krieg und Elend setzten dem Theater merklich zu. Trotzdem werfen die in den 1930er Jahren restaurierten Ränge und die von Gras überwucherten Flächen nach so langer Zeit noch ein Licht auf Autun als ein Zentrum von Geist und Kultur, wo menschlicher Genius und dynamische Schaffenskraft erstaunliche Ergebnisse zustande brachten – auch im Mittelalter, nachdem die Römer ihren heute noch aus zwei Mauerruinen bestehenden **Temple de Janus** errichtet hatten.

Das gilt in erster Linie für die in der ersten Hälfte des 12. Jhs. erbaute **Cathédrale St-Lazare** (Place St-Louis), ein prachtvolles Juwel romanischer Baukunst. Längst haben sich die Einheimischen, die in den eng aneinander gedrängten Häusern um die Kirche wohnen, an den Anblick von Besuchern gewöhnt, die in Andacht erstarrt vor dem Westportal des Sakralbaus verharren, um das Tympanon mit den seitlichen Kapitellen auf sich wirken zu lassen: Dieses mit einfachem Handwerkszeug aus Stein herausgeschlagene fesselnde Bilderbuch führt den Betrachter durch Höhen und Abgründe der menschlichen Existenz. Meister Gislebertus modellierte diese 100 Figuren, die sich um die zentrale Christusgestalt gruppieren und gemeinsam das Jüngste Gericht darstellen, zwischen 1130 und 1135 aus hartem Kalkstein. Er schuf damit eines

Die »Liegende Eva« vom Nordportal von St-Lazare in Autun ist jetzt im Musée Rolin zu sehen

der großen Werke romanischer Bildhauerkunst in Burgund. Neben dem Tympanon haben reich verzierte Kapitelle die Kathedrale berühmt gemacht, deren schönste in der *Salle capitulaire* über der Sakristei zu sehen sind.

Im **Musée Rolin** (25, rue des Bancs) wird die bewegte, lange Geschichte in Form von gallo-römischen Mosaiken, Grabsteinen und Bronzegegenständen aus der damaligen Zeit sowie Malereien und Skulpturen seit dem 15. Jh. dokumentiert.

Office de Tourisme, 2, av. Charles-de-Gaulle, 71400 Autun, Tel. 03 85 86 80 38, Fax 03 85 86 80 49, Internet: www.autun.com.

Zugverbindung: Nächstgelegener Bahnhof des TGV ist Le Creusot.
Busverbindung: Nach Chagny und Chalon-sur-Saône.

Hôtel des Ursulines, 14, rue de Rivault, Tel. 03 85 86 58 58, Fax 03 85 86 23 07, www.hotelursulines.fr. Geschmackvolle Unterkunft in einem französischen Garten. Im Restaurant des Hauses werden ausgezeichnete Geflügelgerichte serviert. ○○○

Hôtel St-Louis, 6, rue de l'Arbalète, Tel. 03 85 52 01 01, Fax 03 85 86 32 54, E-Mail: louisposte@aol.com; www.amadeusprop.com/Autun/german.htm. Schönes und gepflegtes Haus. ○○

Le Chalet Bleu, 3, rue Jeannin, Tel. 03 85 52 01 01. Burgundische und provenzalische Spezialitäten. ○○

Saint-Louis Piano Bar, 6, rue de l'Arbalète, Tel. 03 85 52 21 03. Bei einem Glas Wein kann man hier den Tag gemütlich ausklingen lassen.

Das ganze Jahr über ist der **Blumen-, Obst- und Gemüsemarkt** von Autun ein Fest für die Sinne. Place du Champ de Mars, Öffnungszeiten: Mi und Fr 8–12 Uhr.

Parc Naturel Régional du Morvan

Bis an den Stadtrand von Autun reicht der Parc Naturel Régional du Morvan (s. S. 11), der sich über das bergige Zentrum von Burgund ausdehnt. Dieser am dünnsten bevölkerte Teil der Region leidet noch immer unter dem Negativimage, das ihm die in den Städten und gut zugänglichen Weinregionen lebende Bevölkerung anhängte. Vermutlich spielte dabei im Mittelalter auch die Angst vor wilden Tieren und Räubern eine Rolle. Heute noch hört man ab und zu das alte Sprichwort, aus dem Morvan kämen kein guter Wind und keine guten Leute.

Château-Chinon ㉕

Das Städtchen (2300 Einw.) ist die inoffizielle Hauptstadt des Morvan. Im Musée de Septennat (6, rue du Châ-

3 Seite 63

Der Lac des Settons, nordöstlich von Château-Chinon gelegen, lockt Surfer

Blick auf die Kathedrale St-Cyr-et-Ste-Juliette in Nevers

3

Seite 63

teau) sind Präsente ausgestellt, die François Mitterrand als Staatsgeschenke von vielen Ländern erhielt. Der Ort eignet sich durch seine Lage mitten im Morvan als Ausgangspunkt für Auto- oder Wandertouren in die Umgebung. Einen Blick auf die Waldlandschaft bietet der Calvaire (Kalvarienberg) mit seinen drei Kreuzen an erhöhter Stelle über der Stadt, wo sich einst ein römisches Kastell befand.

Dass die Menschen sich in früheren Jahrhunderten mit sehr gemischten Gefühlen auf den Weg durch den dunklen Morvan machten, ist noch heute nachzuempfinden. Außerhalb der wenigen größeren Ortschaften regiert die üppige Natur. Laub- und Nadelwälder säumen die kurvigen Straßen. Hecken zeichnen geometrische Muster auf die Hügelflanken, die schon vor Jahrzehnten abgeholzt wurden, um den Charolais-Rindern Weidegrund zu schaffen. Nur gelegentlich taucht ein einsames Gehöft oder ein Miniort auf. Wanderwege führen kreuz und quer durch diese grünen Berge, die eine Insel aus Granit mitten im vorwiegend aus Kalkstein bestehenden Burgund bilden.

Die Seen des Morvan

An sonnigen Sommerwochenenden machen sich die Einheimischen auf den Weg zu den zahlreichen Badeseen, wo Geruhsamkeit keineswegs gleichbedeutend mit Langeweile ist. Vor allem der **Lac des Settons,** an dessen Ufer Campingplätze, Feriendörfer und Ausflugsrestaurants liegen, erfreut sich großer Beliebtheit.

Tipp Lohnend ist ein Abstecher zum **Holzschuh-Museum von Burgund** in Gouloux (Tel. 03 86 78 73 90, Öffnungszeiten: tgl. 9–12, 14–18 Uhr). In einer alten Werkstatt wurde das Musée de Sabot eingerichtet. Dokumentiert ist die Zeit, als die Ausrüstung des Handwerkers aus Säge, Hobel und Schnitzmesser bestand.

Nevers ㉖

Bereits der gallische Stamm der Häduer erkannte den Zusammenfluss von Nièvre und Loire im äußersten Westen Burgunds als äußerst günstigen Sied-

Die Renaissancefassade des Palais Ducal in Nevers

St-Etienne in Nevers ist eine der frühen Kirchen am Jakobsweg

lungsplatz für den frühen Marktflecken Noviodunum – heute Nevers (57 700 Einw.), die hübsche Hauptstadt des Départements Nièvre.

Von der alten Loirebrücke aus erinnert das Stadtpanorama ein bisschen an Auxerre, wobei in diesem Fall die **Cathédrale St-Cyr-et-Ste-Juliette** den ersten Eindruck bestimmt. Die gewaltige, zwischen dem 11. und dem 16. Jh. entstandene Basilika wird durch keinen bestimmten Stil vorrangig geprägt, sondern vermischt wegen der sich über Jahrhunderte hinziehenden Bauzeit hauptsächlich gotische und romanische Elemente miteinander.

Nachweislich steht der Sakralbau über Fundamenten aus dem 6. Jh. Unter einer Rotunde aus karolingischer Zeit wurden Reste einer fast eineinhalbtausend Jahre alten Taufkapelle gefunden.

Nur einige Meter trennen die Kathedrale vom **Palais Ducal,** dem ehemaligen überwiegend spätgotischen Palast der Herzöge von Nevers, den auch Renaissanceelemente zieren. Mit seinen eleganten, von vielen Fenstern, einem spitzen Treppenturm und unterschiedlichen Ecktürmen geschmückten Fassaden besitzt der zwischen 1465 und 1565 erbaute Komplex ein reizvolles Äußeres. Heute ist dort die lokale Gerichtsbarkeit untergebracht.

Wenn die Jugend des Départements Nièvre einmal richtig über die Stränge schlagen will, tut sie das nicht selten im **Garage Café.** In dem hallenähnlichen Lokal finden manchmal Rockkonzerte oder Karaoke-Veranstaltungen statt (16, rue de Charlesville, Tel. 03 86 61 59 07). Eine weitere wichtige Adresse vor Ort ist das **Café Au Charbon** (2, rue Mademoiselle, Tel. 03 86 61 30 96). Auf dem Programm stehen viele Rock- und Pop-Konzerte.

Noch häufiger als der Herzogspalast muss die **Porte du Croux** mit ihren runden Ecktürmchen und einem gedrungenen Dach als Fotomotiv herhalten. Das mächtige Tor entstand, als

Jazz in der Provinz

Die Jazztage **Rencontres Internationales de Jazz** sind aus dem Kulturleben von Nevers nicht mehr weg zu denken. Schon viele Male trafen sich europäische Jazz-Größen in der burgundischen Provinz, um mit diesem jeweils im Herbst veranstalteten Festival unvergesslichen Musikern wie etwa Sydney Bechet und Glenn Miller zu huldigen.

3
Seite 63

die aus dem 12. Jh. stammenden Stadtbefestigungen rund 200 Jahre später der inzwischen größer gewordenen Stadt angepasst werden mussten. Das alte Gemäuer aus hellem Kalkstein beherbergt das **Musée Archéologique du Nivernais** (Rue du Porte du Croux) mit Ausgrabungsstücken aus der gallo-römischen Zeit.

Außerhalb des Stadtzentrums von Nevers führt **St-Etienne** ein beschauliches Dasein (Rue St-Etienne). In der Gunst kulturbeflissener Besucher nimmt diese Kirche einen höheren Rang als die Kathedrale ein, da sie durch und durch romanisch ist.

3

Seite 63

Office de Tourisme, Palais Ducal, 58008 Nevers, Tel. 03 86 68 46 00, Fax 03 86 68 45 98, Internet: www.ville-nevers.fr

Hôtel Mercure Pont de Loire, Quai de Médine, Tel. 03 86 93 93 86, Fax 03 86 59 43 29; www. mercure. com/mercure/index.html. Gepflegtes Haus mit vielen Annehmlichkeiten. ○○○

Château de la Rocherie, bei Varennes-Vauzelles abseits der RN 7, Zufahrt über Privatstraße, Tel. 03 86 38 07 21, Fax 03 86 38 23 01. Nette Räume, tolles Frühstück. ○○

Hôtel de la Folie, Route des Saulaies, Tel. 03 86 57 05 31, Fax 03 86 57 66 99; www.hotel-la-folie.com. Hübsche Unterkunft der Logis de France-Kette am Loire-Ufer mit Freischwimmbecken. ○

Jean-Michel Couron, 21, rue St-Etienne, Tel. 03 86 61 19 28. Zu den Spezialitäten der Küche gehören gegrillte Kalbsnieren, Muscheln im Rosinenbett und andere Köstlichkeiten. ○○○

Le Puits St-Pierre, 21, rue Mirangron, Tel. 03 86 59 28 88. Einfallsreiche, gutbürgerliche Küche. ○○

Au Petit Caveau, 59, av. du Général-de-Gaulle, Tel. 03 86 57 06 92 Preisgünstige, traditionelle Küche. ○○

Tal der Yonne

Über **Prémery** ㉗ an der Nièvre, ein Landstädtchen mit 2600 Einwohnern, dessen Häuser sich um die alte Kirche St-Marcel mit einem schönen Glockenturm scharen, führt die Route nach Norden. Als lohnender Haltepunkt bietet sich die **Butte de Montenoison** ㉘ an. Auf diesem 417 m hohen Hügel erreicht das Nivernais eine seiner höchsten Stellen mit einer wunderbaren Aussicht auf das Morvan.

Die alte Holzflößerstadt **Clamecy** ㉙ (6000 Einw.) mit alten Fachwerkbauten liegt bereits im Département Yonne, am Zusammenfluss von Beuvron und Yonne. Das Musée d'Art et d'Histoire Romain Rolland an der Rue Bourgeoise beschäftigt sich nicht nur mit Leben und Werk des in Clamecy geborenen Schriftstellers Romain Rolland (s. S. 19), sondern auch mit der europäischen Malerei seit dem 17. Jh. sowie mit der interessanten Geschichte der Holzflößerei, die für die Stadt lange von Bedeutung war.

Saussois ㉚

Der Ort fällt aus dem üblichen burgundischen Rahmen: Er lockt weder mit einer romanischen Kirche noch mit einem wehrhaften Schloss, sondern mit bizarr ausgewaschenen, hellen Kalkfelsen über dem Flussufer. Und wie könnte es anders sein, auch an diesen Steilwänden stellen Kletterer ihr Können unter Beweis.

Tour 4

Kirchen, Klöster, kühne Kelten

St-Seine-l'Abbaye → *Flavigny-sur-Ozerain → ***Abbaye de Fontenay → **Ancy-le-Franc → **Vézelay → **Dijon (460 km)

Es fehlte eigentlich nur noch das Burgfräulein mit Schleierhut an einem der Turmfenster, und die Kulisse für ein Ritterepos wäre perfekt. Nicht nur im Bilderbuchstädtchen Semur-en-Auxois betritt der Besucher mittelalterlichen Boden. Die beiden Départements Côte d'Or und Yonne geben sich vielerorts als malerische Überbleibsel aus längst vergangener Zeit. Ob in den schattigen Wandelgängen uralter Klöster oder in der kühlen Stille grandioser Kirchen und Kathedralen, in diesen heiligen Hallen des Burgund drängt sich der Eindruck auf, dass seit Romanik und Gotik erst wenige Sandkörner durchs Stundenglas gerieselt sind.

St-Seine-l'Abbaye ㉛

Am Stadtrand von Dijon beginnt die Ländlichkeit, sobald die Nationalstraße 71 die Außenviertel hinter sich gelassen hat. In einer versteckten Senke taucht in der Wald- und Wiesenlandschaft unvermittelt St-Seine-l'Abbaye auf. Die aus dem 13. Jh. stammende Kirche könnte aus der Entfernung betrachtet der wehrhafte Turm einer Verteidigungsanlage sein. Ein gewaltiges Portal führt durch die verwitterte Fassade, von der die alten Steinmetzarbeiten bröckeln. Noch ehe sich die

Mitten zwischen Wäldern und Wiesen liegt St-Seine-l'Abbaye

Augen an das düstere Innere gewöhnt haben, schlägt in der feuchten Kühle das Mittelalter über einem zusammen. Nur mühsam dringen Lichtstrahlen durch das fast 800 Jahre alte Rosettenfenster im Chor. Im Querhaus fällt an der Wand die Grabplatte eines Abtes auf, der sich als Skelett abbilden ließ.

Außerhalb der Ortschaft steigt die Straße auf einen Höhenzug mit Picknickplatz an, von dem sich St-Seine-l'Abbaye als ländliches Idyll präsentiert. Schmale, asphaltierte Dorfstraßen führen weiter durch die Bauernlandschaft mit winzigen Orten.

4

Seite 63

*Flavigny-sur-Ozerain ㉜

Der Ort breitet sich auf einem nach drei Seiten abfallenden Hügelrücken wie ein vorgeschobener Beobachtungsposten aus. Anderen burgundischen Dorfschönheiten gegenüber hat diese den Vorteil, dass sie nicht nur hübsch aussieht, sondern auch gut riecht. Sehenswert sind die Reste der vermutlich um 719 gegründeten **Abbaye St-Pierre.** Die ältesten Teile finden sich in der teilweise restaurierten Krypta St-Reine aus dem 9. Jh. Manche Kapitelle sind mit Pflanzenmotiven oder mit figürlichen Darstellungen

Kapitelle in der Krypta der Abbaye St-Pierre

In Alise-Ste-Reine wurde der Keltenfürst Vercingetorix von den Römern besiegt

4

Seite 63

geschmückt. Außer dieser Krypta ist vom ehemaligen Kloster noch eine sechseckige Kapelle erhalten.

Bauten aus der jüngeren Vergangenheit sind in Flavigny dünn gestreut. Die Gärten schützen rostige Zäune, es herrscht dörfliche Beschaulichkeit und Ruhe, die nur gelegentlich neugierige Touristen stören. Viele Wohnungen besitzen keine elektrischen Klingeln, sondern verlassen sich auf die durchdringende Schlagkraft verzierter, gusseiserner Türklopfer. Ins beschauliche Bild passen die mächtigen Stadttore durch die Befestigungsmauern wie die Porte du Bourg, an der einst eine Zugbrücke in den Ort führte.

Duftende Anisbonbons

Ein zarter Duft von Anis liegt über Flavigny-sur-Ozerain. Angeblich begannen Mönche schon vor rund 1000 Jahren mit der Herstellung dieser köstlichen Bonbons. Heute wird die begehrte Süßigkeit natürlich maschinell in Fabrikationshallen hergestellt, die besichtigt werden können. In Dutzenden rotierender Mischer werden die Zuckerkügelchen zum Schluss mit einer wohlriechenden und -schmeckenden Anisessenz besprüht.

*Alise-Ste-Reine ㉝

An der Flanke des über 400 m hohen **Mont Auxois** zieht sich Alise-Ste-Reine empor. Im Jahre 52 v. Chr. fand um den Berg die Schlacht statt, deren Ausgang für die Geschichte Mitteleuropas von erheblicher Tragweite war.

Cäsars Legionen besiegten hier die Truppen des Keltenfürsten Vercingetorix, womit die Weichen für die 400 Jahre währende römische Besatzung sowohl in Frankreich als auch in Süddeutschland gestellt waren.

Vercingetorix wurde von den Römern im Schlachtengetümmel gefangen genommen, nach Rom gebracht und dort nach sechs Jahren Kerker ermordet. Unsterblichkeit erlangte er unter den Bildhauerhänden von Aimé

Millet. Der bronzene, 7 m große Hüne mit dem Schnurrbart blickt unter wallender Haarpracht, die längst Patina überzieht, melancholisch über das Schlachtfeld hinweg, als zweifle er an der Richtigkeit des Satzes, den ihm Napoleon in den Mund gelegt haben soll: »Das vereinigte Gallien, das eine einzige, von demselben Geist beseelte Nation bildet, kann der ganzen Welt die Stirn bieten.«

Wo sich heute das Ausgrabungsfeld **Fouilles Alésia** ausdehnt, stand früher eine wohlhabende gallo-römische Stadt mit einem Theater aus dem 2. Jh. n. Chr. sowie einer späteren merowingischen Basilika, die der hl. Regina geweiht war. Regina soll um die Mitte des 3. Jhs. zum Tod verurteilt worden sein, da sie sich standhaft weigerte, den römischen Gouverneur Ulibrius zu heiraten.

*Semur-en-Auxois ㉞

Kaum einem burgundischen Ort ist eine so malerisch-mittelalterliche Stadtkulisse beschert wie Semur-en-Auxois (5000 Einw.), das fast ganz von einer Schleife des Armançon umgeben ist. Im Norden des Zentrums spannt sich der **Pont Joly** (1786) vor einer Stadtfront mit Rundtürmen, schönen wehrhaften Hausfassaden und alten Ziegeldächern über einen natürlichen Burggraben.

Schon lange vor der mittelalterlichen Stadtgründung suchten die Menschen an diesem Platz Schutz. Von einer Belagerung und Beschießung im Jahre 1589 rührt ein gewaltiger Mauerriss in der Festungsanlage her, der sich von der Dachtraufe bis zum Fundament durch die Außenwand der **Tour de l'Orle d'Or** zieht. Dass dieses ehemals mit purem Gold gedeckte Bauwerk dennoch bis heute steht,

Die Kirche Notre-Dame gehört zu den herausragenden Sehenswürdigkeiten in Semur-en-Auxois

verdankt es seinen über 5 m dicken Mauern. In dem wehrhaften Bauwerk ist ein historisches und naturkundliches Museum einquartiert.

Bleibe für Tauben

Epoisses ㉟ liegt 12 km westlich von Semur-en-Auxois. Stolz sind die Dörfler auf ihren aromatischen Rohmilchkäse. Außergewöhnliche Sehenswürdigkeit ist der mit Abstand größte historische Taubenturm der Region mit insgesamt 3000 Nistplätzen. Er wurde im 16. Jh. auf dem Areal des Schlosses für die gefiederten Gäste gebaut (Tel. 03 80 96 40 56, Öffnungszeiten: ganzjährig nur samstags 14–18 Uhr). Das benachbarte sehenswerte ***Château** wurde sowohl vom beliebten König Henri IV als auch von Madame de Sévigné bewohnt.

4

Seite 63

Mittelalterliches Flair besitzt die von alten Häusern umgebene Place Notre-Dame mit der im 13. Jh. auf romanischen Fundamenten begonnenen ***Eglise Notre-Dame,** deren Bau sich bis ins 16. Jh. hinzog. Zu den herausragenden Details gehört das im 13. Jh. geschaffene Tympanon der **Porte des Bleds** auf der Nordseite der Kirche mit Szenen aus dem Leben des hl. Thomas. In der Lazarus-Kapelle gibt es eine beeindruckende Grablegungsszene.

Office de Tourisme, 2, place Gaveau, 21140 Semur-en-Auxois, Tel. 03 80 97 05 96, Fax 03 80 97 08 85, www.ville-semur-en-auxois.fr

4
Seite 63

Hostellerie d'Aussois, Route Saulieu, Tel. 03 80 97 28 28, Fax 03 80 97 34 56; www.ot-dijon.fr/hotel-aussois.html. Hotel mit hellen, freundlichen Räumen und schönem Stadtblick. ○○○

Hôtel des Cymaises, 7, rue du Renaudot, Tel. 03 80 97 21 44, Fax 03 80 97 18 23. Gepflegtes Mittelklassehotel. ○○

Gourmets, Rue Varennes, Tel. 03 80 97 09 41. Schmackhafte Regionalküche. ○○

La Touur Margot, , 58, rue de Paris, Tel. 03 80 97 02 00. Regionale Gerichte und Fischspezialitäten, Mi Ruhetag. ○○

Tipp Die bei Semur-en-Auxois gelegene **Ferme du Hameau** ist ein sehr beliebtes Familienausflugsziel. Auf dem musealen Bauernhof gibt es auch ein lehrreiches Öko-Museum (Bierre-les Semur, Tel. 03 80 64 46 68, Öffnungszeiten: im Sommer Di–Fr 14 bis 18, Sa/So 10 bis 18 Uhr).

***Abbaye de Fontenay 36

In einem bewaldeten Tal bei der Ortschaft Montbard führte die ehemalige Abtei (Tel. 03 80 92 15 00, Öffnungszeiten: 9–12, 14–18, im Winter bis 17 Uhr, Führungen auf Deutsch) über 800 Jahre lang ein abgeschiedenes Dasein, so wie es den alten Klosterregeln der Zisterzienser zur Zeit Bernhards von Clairvaux entsprach. Seitdem die mittelalterliche Anlage 1981 zum Weltkulturerbe durch die UNESCO ernannt wurde, strömen im Sommer Tausende von Besuchern aus dem In- und Ausland durch die Gebäude. Nur in der Nebensaison senkt sich Stille über die alten Gemäuer.

1118 gründete Bernhard von Clairvaux das Kloster, zwei Jahrzehnte nachdem Robert de Molesme den Zisterzienserorden aus der Taufe gehoben hatte, um dem dekadenten, ausschweifenden Klosterleben das ursprüngliche Prinzip »Bete und arbeite« des hl. Benedikt entgegenzusetzen. Der erste Blick hinter die Mauern dieses Klosters fällt auf die schmucklose Westfassade der 1147 von Papst Eugen eingeweihten Abteikirche. Sie offenbart Strenge und Klarheit als Sinnbild des einfachen Lebens dieses Ordens. Aus dem gestampften Kiesboden wachsen die Pfeiler des 66 m langen Mittelschiffs in die düstere Spitztonne, die nur durch die Fenster des Chors erhellt wird. Eine Treppe führt in den riesigen, ungeheizten Schlafsaal hinauf, in dem die Mönche nach körperlich schwerer Arbeit auf den Feldern oder in der Schmiede die halbe Nacht auf harten Strohsäcken verbrachten, ehe sie um ein Uhr in der Frühe die Klosterglocke zum Gebet zusammenrief. Unter dem Dormitorium befindet sich der Kapitelsaal, nebenan ein Aufwärmraum mit zwei Kaminen. Dort durften sich die vor Kälte schlot-

Abbaye de Fontenay: Kreuzgang

ternden Mönche wenigstens eine Zeit lang aufhalten. Ihre Lebenserwartung soll bei etwa 35 Jahren gelegen haben! Prachtstück der Abtei ist der Kreuzgang. Die Bögen des kleinen Brunnenhofs ruhen auf mächtigen Doppelsäulen. Einziger Bauschmuck sind die stilisierten Blattkapitelle. Im ausgehenden 20. Jh. legte der Landschaftsarchitekt Peter Holmes die Gärten um die Gebäude mit Grünflächen, Blumenbeeten und Baumgruppen neu an, was zum reizvollen Ambiente des alten Klosters viel beiträgt.

Châtillon-sur-Seine ㊲

Der Ort fristete bis zum Zeitpunkt der Entdeckung seiner archäologischen Funde und dem damit verbundenen Aufruhr in der Weltpresse ein Schattendasein. Schätzungsweise lebten in dieser Gegend im 6. Jh. v. Chr. nach neueren Erkenntnissen weitaus mehr Menschen als heute. Wahrscheinlich handelte es sich in seiner Blütezeit um eine der bedeutendsten Marktstädte Galliens.

Ausgrabungen im keltischen Oppidum am Mont Lassois förderten über eine Million Tonscherben, Hunderte von Kleiderspangen und Gewandnadeln, Waffen und Schmuckgegenstände zu Tage.

Der nach seinem Fundort benannte **Schatz von Vix (s. u.) ist im **Musée du Châtillonnais** zu sehen (Rue du Bourg, Öffnungszeiten: 1.4.–15.6. und 16.9.–15.11. 9–12 Uhr und 14–18 Uhr, 16.6.–15.9. 9–12 Uhr und 13.30 bis 18 Uhr, sonst 10–12 Uhr und 14 bis 17 Uhr).

4
Seite 63

**Schatz von Vix

Der Schatz besteht aus den Grabbeigaben einer keltischen Prinzessin, die als eine Frau von etwa 35 Jahren identifiziert werden konnte. Ihr Skelett lag auf einem Prunkwagen und war mit einem 490 g schweren Diadem aus Gold geschmückt. Unter den reichen Grabbeigaben griechischer und etruskischer Herkunft befand sich auch die so genannte Vase von Vix, ein 1,64 m hoher, über 200 kg schwerer und etwa 1200 Liter fassender Krug nach dem Muster einer Weinamphore. Der Schmuckfries stellt eine griechische Kriegerparade dar. Die Henkel der Vase zeigen das weibliche Ungeheuer Medusa aus der griechischen Mythologie, das gewöhnlich mit Schlangen in den Haaren dargestellt wird. Hier aber ersetzen die Reptilien Arme und Beine. Im Museum sind außerdem einige Schwarzweiß-Fotos zu sehen. Sie dokumentieren die Ausgrabung des Archäologen René Joffroy. Gezeigt werden u. a. Aufnahmen, die die Freilegung des Krugs dokumentieren. Neben den Grabschätzen sind noch Exponate aus der gallo-römischen Zeit ausgestellt.

**Ancy-le-Franc ㊳

Unter den profanen Werken der Renaissance spielt das äußerlich recht nüchtern wirkende Schloss von Ancy-le-Franc (Tel. 03 86 75 14 63, Öffnungszeiten: April–Nov. tgl. 10–12, 14 bis 18 Uhr, auch deutschsprachige Führungen; www.chateau-ancy.com) aus dem Jahr 1546 als Pionierwerk eine Hauptrolle. Sein Architekt war der aus Bologna stammende Sebastiano Serlio, der dem feudalen Anwesen um einen eleganten Innenhof eine unverkennbar italienische Note verlieh. Die 25 Räume, die die Besucher zu sehen bekommen, sind so prächtig mit wertvollem Mobiliar aus den vergangenen vier Jahrhunderten und Gobelins ausgestattet, dass man sich wahrlich in die Zeit des Absolutismus zurückversetzt glaubt.

4

Seite 63

Tanlay ㊴

Die Ortschaft Tanlay wartet mit einem weiteren Kleinod der Renaissance auf. Im Vergleich zu Ancy-le-Franc wirkt das putzige **Wasserschloss** inmitten seiner Wassergräben mit runden Ecktürmen und pickelhaubenähnlichen Dächern viel anmutiger und charmanter. Die Hauptbauzeit lag um die Mitte des 16. Jhs., vollendet wurde es im 17. Jh. Seit knapp 300 Jahren ist das Anwesen, dessen Haupteingang zwei Obelisken flankieren, in Familienbesitz.

Domaine des Musseaux, Cruzy-les-Châtel, östlich von Tanlay, Tel. 03 86 75 24 03, Fax 03 86 75 20 50. Bäuerliche Gemütlichkeit erwartet die Gäste. Zur angenehmen Atmosphäre tragen auch die freundlichen Wirtsleute bei. ❍

Tonnerre ㊵

Im 16. Jh. vernichtete eine Feuersbrunst einen Großteil der alten Bausubstanz von Tonnerre (6000 Einw.), verschonte aber das Ende des 13. Jhs. errichtete **Hôpital de Notre-Dame-des-Fontentilles.** Stifterin dieses ältesten Krankenhauses Frankreichs war Marguerite de Bourgogne (1249 bis 1308), die Witwe von Charles d'Anjou. Sie zog sich nach dem Tod ihres Gemahls in ihre Grafschaft Tonnerre zurück, gründete das Hospital und versuchte mit diesem Akt der Barmherzigkeit, sich einen Platz im Himmel zu reservieren. Der Bau bildet eine Kombination von Krankensaal und Kirche mit einem tonnenförmigen Dachstuhl aus Holz. In der Hauskapelle am Ende des Krankensaals fand die Stifterin ihre letzte Ruhestätte.

Den schönsten Standort suchten sich mit einer Felsterrasse die Baumeister von **St-Pierre** aus. Unterhalb der Kirche füllt im Altstadtviertel eine Quelle die Fosse Dionne, ein altes Heiligtum der Kelten, das im Mittelalter als Waschplatz diente.

Über dem Ort liegt auf einem Hügel die renovierte, aus dem 15. Jh. stammende **L'Abbaye St-Michel** in einem ummauerten ehemaligen Klostergelände. Die Küche des Nobelrestaurants zählt zum Auserlesensten, was Burgund an Gaumenfreuden bietet. Man speist entweder in einem modernen verglasten Salon oder in einem romanischen Bogengewölbe. Das angeschlossene Hotel ist eine Oase behaglichen Komforts (Tel. 03 86 55 05 99; www. abbaye-saint-michel.com) ❍❍❍

Die Häuser des Städtchens Vézelay drängeln sich auf einem schmalen Felsrücken

CRÊPERIE • SALON DE THÉ
MENU
MENUS
45F / 65F
CADRE D'EPOQUE
CHEMINÉE-TERRASSE

Chablis ㊶

Der Ort (2600 Einw.) am Ufer des Serein ist städtischer Mittelpunkt dieses Weißweinparadieses. An seinen verwinkelten Gassen stehen noch einige alte Häuser, die deutlich zeigen, dass sich mit dem Chardonnay keine schlechten Geschäfte machen lassen.

*Pontigny ㊷

Wer in Burgund schon genug Rebkulturen gesehen hat, kann gleich in Richtung Norden nach Pontigny abbiegen, wo Hugo de Mâcon 1114 ein weiteres Zisterzienserkloster gründete. Eine von Linden gesäumte Allee führt zur ehemaligen Abteikirche ***Notre-Dame de l'Assomption** aus graugelbem Stein. Im Innern öffnet sich ein gewaltiges Schiff von 108 m Länge und 20 m Höhe, das wegen seiner Dimensionen und der schlichten Ausschmückung wie seiner Seerosenkapitelle einen überwältigenden Eindruck macht.

Mit Auxerre (s. S. 51) erreicht die Tour das Tal der Yonne.

Klösterliches Asyl

Das Kloster von Pontigny gewährte 1164 dem Erzbischof von Canterbury, Thomas Becket, Asyl, als dieser auf Grund der von ihm verfochtenen kirchlichen Machtansprüche gegenüber dem englischen König Henry II die Insel verlassen musste. Als er nach England zurückkehrte, ermordeten ihn die königlichen Häscher am 29. Dezember 1170 in Canterbury.

Das Tympanon der Basilique Ste-Madeleine in Vézelay

**Vézelay ㊸

In Vézelay (500 Einw.) ist der Höhepunkt der Route erreicht. Die Häuser des Städtchens drängen sich auf einem schmalen Felsrücken aneinander, dem die Grande Rue bergan bis zur *****Basilique Ste-Madeleine** folgt. Als Bauplatz wurde die Stelle gewählt, an der angeblich die Reliquien der hl. Maria Magdalena gefunden wurden. Ab 1120 entstand einer der gewaltigsten romanischen Sakralbauten Frankreichs, in dessen Chor und Querschiff sich bereits die Gotik ankündigt. In den Jahrzehnten nach der Grundsteinlegung erlebte das Kloster seine Blütezeit, als Bernhard von Clairvaux, König Louis VII mit seiner Gemahlin Eleonore von Aquitanien, König Philippe-Auguste, Richard Löwenherz und der Erzbischof von Canterbury dort weilten. Das Kloster wurde 1537 säkularisiert und während der Religionskriege und der Französischen Revolution stark zerstört. Erst als der Schriftsteller Prosper Mérimée (1802–1870) eine Initiative zum Wiederaufbau der Kirche unter der Federführung von Viollet-le-Duc ins Leben rief, wurde der Verfall gestoppt. Heute erstrahlt die Basilika in altem Glanz mit dem grandiosen **Tympanon am Hauptportal und Kapitellen mit Sze-

4
Seite 63

nen aus dem Alten und Neuen Testament. Die angeblichen Reliquien Maria Magdalenas ruhen in der Krypta.

*Avallon ㊹

Die Ortschaft (8 300 Einw.) liegt auf einem Felsvorsprung über dem Tal des Cousin. Bedeutendstes Bauwerk ist die Kirche **St-Lazare** mit zwei reich verzierten Westportalen, an denen die Bildhauer der ausgehenden Epoche der Romanik noch einmal ihr ganzes Können unter Beweis stellten. In der Umgebung der Kirche zeigt sich Avallon mit der **Tour d'Horloge,** alten Wehranlagen und schrägen Bürgerhäusern von seiner ältesten und typischsten Seite.

Syndicat d'Initiative, 6, rue Bocquillot, 89200 Avallon, Tel. 03 86 34 14 19, Fax 03 86 34 28 29; www.collectif.avallon.free.fr

Dak Hotel, 119, rue de Lyon, Tel. 03 86 31 63 20, Fax 03 86 34 25 28; www.avallonnais-tourisme.com/dak. Sehr schön gelegenes und modern ausgestattetes Haus. ○○

Hôtel d'Avallon-Vauban, 53, rue de Paris, Tel. 03 86 34 36 99, Fax 03 86 31 66 31; www.avallonnais-tourisme.com/vauban. Hübsche, zeitgemäß eingerichtete Zimmer. ○○

Campingplatz: Camping sous Roche Cousin La Roche, Tel. 03 86 34 10 39.

Moulin des Ruats, D 427, Tel. 03 86 34 97 00. Im malerischen Tal des Cousin direkt am Fluss gelegene Unterkunft in einer um- und ausgebauten ehemaligen Kornmühle. ○○○

Tour 5

Burgund zwischen Yonne und Loire

****Auxerre → **Sens → Rogny-les-Sept-Ecluses → **Auxerre (200 km)**

Die Schriftstellerin Colette, in der Puisaye zwischen Yonne und Loire auf die Welt gekommen und aufgewachsen, verfasste zahlreiche Hymnen an ihre Heimat: »Der Charme, die Freuden dieses Landes, das aus Hügeln und Tälern besteht, so engen Tälern, dass einige eigentlich Schluchten sind, ist der Wald ... der tiefe und alles überwachsende Wald, der sich wellt und wiegt, so weit das Auge reicht ...«. Diese Landschaft machte keine große Geschichte, sondern spielte eher im Leben der Holzfäller, Töpfer und Köhler eine Rolle. Noch immer liegt sie abseits der großen Verkehrsverbindungen, führt ein Dasein im Verborgenen und wird langsam als Naturlandschaft entdeckt.

Joigny ㊺

Die Stadt rund 30 km nördlich von Auxerre (s. S. 51) führt ein beschauliches Dasein am Ufer der Yonne. Die Bürger bauten ihre Häuser auf einem lang gestreckten Hügel um die von den beiden Kirchen **St-Jean** und **St-Thibault** beherrschte Altstadt.

Von der Yonnebrücke aus zieht sich die Rue Gabriel-Cortel bergan in die Altstadt, vorbei an Häusern mit modernen Schaufenstern, die von geschnitztem Fachwerk eingerahmt sind. Die Rue de la Galère und die Rue

5
Seite 85

Mittwochsmarkt in Joigny

du Loquet sehen mit ihren schiefen Fassaden aus, als seien sie ohne Senkblei und Wasserwaage gebaut worden.

Mittelalterliches Ambiente ist rund um die **Place de Pilori** anzutreffen. Im Mittelalter wurden dort die Verbrecher an den Pranger gestellt. Die schönste Fassade besitzt die Maison Pilori mit wunderbarem Schnitzwerk wie Mönchs- und Ritterfiguren und Querbalken in Krokodilgestalt. In die Kirche **St-Thibault** aus dem 11. Jh. zieht es die Besucher, um die Statue der lächelnden Madonna (vierter Pfeiler des Schiffs auf der rechten Seite) zu sehen. Im Hof einer ehemaligen **Burg** aus dem 10. Jh. entstanden im Laufe von 500 Jahren diverse Kirchen mit interessantesten Stilmischungen.

Seite 85

Hohe Kochkunst

Am Ortsausgang von Joigny liegt an der Straße nach Sens das berühmte Restaurant **La Côte St-Jacques.** Die Küchenkünste des Chef de Cuisine werden seit Jahren mit Auszeichnungen nur so überhäuft und gelten in der Speisefolge vom Apéritif bis zur Nachspeise selbst unter professionellen Feinschmeckern als perfekt. Über einen Tunnel ist das Restaurant mit dem benachbarten Luxushotel verbunden. Wer die hohe Kunst des Kochens erlernen will, kann bei Maître Jean-Michel Lorain einen Kurs belegen (14, faubourg Paris, Tel. 03 86 62 09 70, E-Mail: lorain@relaischateaux.fr; ❍❍❍).

Mönchs- und Ritterfiguren schmücken die Fassade des Pilori-Hauses in Joigny

Am geschäftigsten geht es am Samstagvormittag beim großen **Wochenmarkt** in Joigny zu, der den vom Mittwoch noch übertrifft. In der Markthalle an der Yonnebrücke türmen sich polierte Äpfel und knackiger Salat, während an anderen Ständen Bresse-Hühner, Wein, Käse und Schinken das Angebot bestimmen.

**Sens ㊻

Der Ort (38 800 Einw.) liegt so weit von Dijon und den burgundischen Weinbergen entfernt, dass selbst manche Einwohner der Region übersehen, dass es Teil des ehemaligen Herzogtums ist. Ein Blick in die Geschichte beweist sogar, dass der im 4. Jh. v. Chr. am Ufer der Yonne siedelnde keltische Stamm der Senonen damals die europäische Geschichte nachhaltig beeinflusste. Unter der Führung ihres Feldherrn Brennus zogen Senonenhorden mit anderen Keltenstämmen nach Italien, eroberten 387 v. Chr. Rom und schwärmten bis nach Kleinasien aus, um dort ein unabhängiges Keltenreich zu gründen. Von dem abenteuerlustigen Völkchen, das zwischen 54 und 52 v. Chr. von Cäsar unterworfen wurde, ist der Stadt heute nur der Name geblieben.

Die ****Cathédrale St-Etienne** an der Place de la République ist eine der ältesten gotischen Kathedralen des Landes und zugleich eine der schönsten. Zu den Glanzstücken des Baus zählen die drei überwältigenden Westportale. Im Innern sind allein schon die Dimensionen des 113 m langen Schiffs überwältigend. Chorumgang und Querschiff erzählen mit Buntglasfenstern biblische Geschichten und Heiligenlegenden. Auftraggeber für den Bau der Kathedrale war Erzbischof Henri Sanglier um das Jahr 1140, als in Sens ein Konzil stattfand. Ein Jahr, bevor der imposante Bau 1164 von Alexander III eingeweiht wurde, ließ sich dieser gegen die staufischen Kaiser kämpfende Papst in Sens im Exil nieder und ernannte seine neue Residenz zur »Hauptstadt der Christenheit«.

An die Südfassade der Kathedrale wurde im 13. Jh. ein **Erzbischofs- und Synodalpalast** angebaut. Der Gebäudekomplex wird heute als Museum genutzt. Neben archäologischen Sammlungen werden gallo-römische Exponate und vor allem ein atemberaubender Schatz kirchlicher Kunst gezeigt, der vielleicht in ganz Frankreich an Pracht und Wert unübertroffen ist.

Office de Tourisme, Place Jean-Jaurès, 89100 Sens, Tel. 03 86 65 19 49, Fax 03 86 64 24 18, E-Mail: OTSI.SENS@wanadoo.fr, www.mairie-sens.fr

Zugverbindung: Sens liegt an der Strecke Paris– Dijon. Züge fahren auch nach Auxerre, Avallon, Autun.

Busverbindung: Busse in die Städte der Region ab der Place Jean-Jaurès.

Hôtel Paris et Poste, 97, rue de la République, Tel. 03 86 65 17 43, Fax 03 86 64 48 45; www.hotel-paris-poste.com. Trotz zentraler Lage ruhige Zimmer. ○○○

- **Archotel,** 9, cours Tarbe, Tel. 03 86 64 26 99, Fax 03 86 64 46 29, www.archotel.com. Neuerer Hotelbau mit Fitness-Center und hauseigener Brasserie. ○○
- **Hôtel de L'Esplanade,** 2, bd du Mail, Tel. 03 86 83 14 70, Fax 03 86 83 14 71. Preiswertes, freundliches und zentral gelegenes Haus. ○○

La Madeleine, 1, rue Alsace-Lorraine, Tel. 03 86 65 09 31. Einfallsreiche Küche. ○○

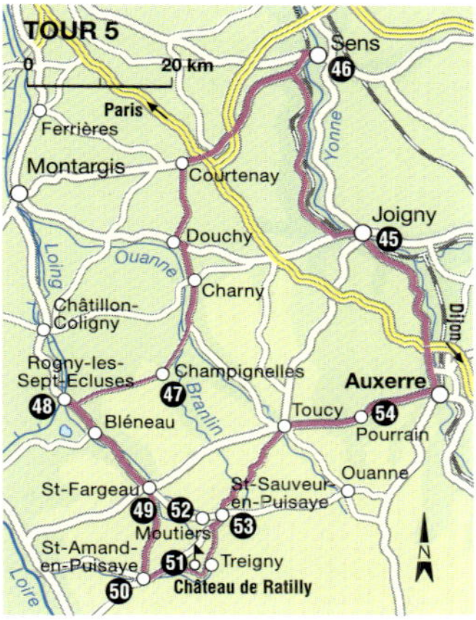

5
Seite 85

Im Umkreis von Sens liegen zwei Diskotheken: **L'Eclipse** in Malay-le-Grand (Tel. 03 86 95 98 06), **L'Atlantide** in St-Clément (Tel. 03 86 65 50 50).

Ab Sens verläuft die Tour durch ländliche Abgeschiedenheit manchmal durch fast menschenleere Landstriche. La Puisaye, wie die Region zwischen Yonne und Loire genannt wird, ist ein armes Land.

Die **Ferme Auberge Les Perriaux** im Dorf Champignelles ㊼, ein echter Bauernhof mit Bewirtschaftung, gehört einer aussterbenden gastronomischen Spezies an. Die Wirtsleute tischen Selbstgemachtes auf wie Geflügelgerichte von Tieren, für die Begriffe wie Legehennenbatterien noch Fremdwörter sind (südlich von Sens, Juli/Aug. tgl., Mitte Sept.–Juni Freitagabends bis Sonntagmittags nach Reservierung, Tel. 03 86 45 13 22; www.lesperriaux.com; ○○).

5

Seite 85

Rogny-les-Sept-Ecluses ㊽

Der Ortsname bezieht sich auf die sieben **Schleusen,** die unter Henri IV zu Beginn des 17. Jhs. am Briare-Kanal gebaut wurden, um den Höhenunterschied von 34 m zwischen dem Tal von Trézée und dem Tal von Le Loing auszugleichen.

St-Fargeau ㊾

Der Ort (1800 Einw.) liegt mit seinen verwinkelten und krummen Dorfstraßen im Schatten des zwischen dem 15. und dem 17. Jh. erbauten **Schlosses.** Im Innern erinnert vieles an den einstigen illustren Gast: Anne-Marie-Louise d'Orléans, die Cousine des Sonnenkönigs Louis XIV. Die »Grande Mademoiselle« machte kein Hehl aus ihrer Sympathie für die Fronde, jene vom Hochadel und den Parlamenten geschürte, gegen den Absolutismus gerichtete Bewegung des 17. Jhs. Der Hof von Versailles nahm ihr das übel und verbannte sie 1652 bis 1657 und 1662–1664 nach St-Fargeau, wo sie die desolat aussehende Anlage vom Architekten François Le Vau in ein ansehnliches Schloss verwandeln ließ.

In St-Sauveur-en-Puisaye verlebte die Schriftstellerin Colette ihre Kindheit

St-Armand-en-Puisaye ㊿

Der Ort wäre wohl ein anonymer Provinzflecken, bestünde dort nicht seit langem das **Centre national d'initiation, de formation et de perfectionnement de la poterie et du grès.** Hinter diesem ellenlangen Namen verbirgt sich die einzige Töpferschule Frankreichs, die sich den Fortbestand dieses Traditionshandwerks in der Puisaye zur Aufgabe macht.

Château de Ratilly 51

Am Eingangstor zum Schloss bei Treigny wuchert Efeu die groben Außenmauern der mächtigen Seitentürme hinauf, die ihr Alter von über 700 Jah-

Wassergräben ziehen sich um das Château de Ratilly

ren würdevoll zur Schau stellen. Um das mitten in der Landschaft gelegene Märchenschloss ziehen sich die ehemaligen Wassergräben.

Tipp Im Château de Ratilly finden gelegentlich **Konzerte** und andere Kulturveranstaltungen statt.

Moutiers 52

In Moutiers bietet die Kirche **St-Pierre** Einblick in Handwerk und Kunst. Als im Jahre 1982 das Frühjahr in der Puisaye mit einem unüblich trockenen Klima einzog, stellten die Kirchgänger mit Entsetzen fest, dass sich in ihrem Gotteshaus plötzlich die Farbe von den Wänden löste. Der Schrecken schlug in helle Aufregung um, als unter der abblätternden Farbschicht ockerfarbene Fresken zum Vorschein kamen, die inzwischen freigelegt wurden. Im Kirchenschiff wurden die Fresken auf das 12. und 13. Jh. datiert, im Altarraum stammen sie aus dem 16. Jh.

St-Sauveur-en-Puisaye 53

Im Schloss aus dem 17. Jh. wurde ein **Museum** eingerichtet, das der hier geborenen Schriftstellerin Colette (s. S. 19) gewidmet ist. Ausgestellt sind in erster Linie Memorabilien aus ihrer Pariser Wohnung. Die Literatin verbrachte in St-Sauveur-en-Puisaye ihre Kindheit (Tel. 03 86 45 61 95, Öffnungszeiten: 1. April–31. Okt. tgl. außer Di 10–18 Uhr).

Tipp Das **Reitzentrum Les Metz** in St-Sauveur-en-Puisaye bietet Reitstunden und Ausritte in die Umgebung an (Tel. 03 86 45 51 19, E-Mail: srplesmetz@aol.com).

Purrain 54

Über Pourrain, das bis ins 19. Jh. ein bedeutendes Abbauzentrum für Ocker war und wo Malereien in dieser Farbe in der **Chapelle St-Baudel** zu sehen sind, führt die Rundtour zurück zum Ausgangspunkt Auxerre (s. S. 51 ff.).

Land der Ockerfarbe

Die durch Zufall aufgetauchten Fresken der Kirche in Moutiers brachten der Bevölkerung ins Bewusstsein, dass ihre Heimat nicht nur das Land der Tonerde, sondern auch der Ockerfarbe war. An zahlreichen Stellen der Puisaye wurde die erdbraune Farbe seit Jahrtausenden aus dem pulvrigen Gemisch eisenoxidhaltiger Mineralien gewonnen und verwendet. In französischen Geschichtswerken ist von Händlern die Rede, die im 18. Jh. ihre Ockerfarbe bis nach Holland verkauften. Im 19. Jh., als das Material über die Eisenbahn auf die Märkte gebracht werden konnte, gehörte sogar Russland zum Kundenkreis.

5

Seite 85

Tour 6

Um die Säulen des Mittelalters

Chalon-sur-Saône → **Tournus → **Cluny → Mâcon → **Paray-le-Monial → Chalon-sur-Saône (280 km)

Wie ein altes Gemälde von Jean Larouze dehnt sich die Landschaft vor den entfernten blassblauen Höhenzügen aus. Mit braunen, ockerfarbenen und mattgrünen Tönen zwischen den verstreuten Siedlungen gibt sich der kommende Herbst zu erkennen. Bauersfrauen schneiden in den Gärten die Sträucher zurecht. Schon früh am Morgen treibt die innere Unruhe manchen Winzer in seinen taufeuchten Weinberg, um nach dem Stand der Trauben zu sehen. Kleine Ortschaften sehen manchmal wie Burgen aus. In ihrer Mitte zeigen schwere, romanische Kirchtürme wie steinerne Finger Gottes in den Himmel. Im Mâconnais stützen wie eh und je mächtige Säulen die ehrwürdige Architektur des Mittelalters, dessen kühlen Hauch jeder spürt, der ins Dunkel einer romanischen Kirche tritt.

6

Seite 89

Chalon-sur-Saône ⑮

Die verkehrsgünstige Lage an der Autobahn zum Mittelmeer ließ den Ort (75 500 Einw.) zu einem geschäftigen Industrie- und Handelszentrum wachsen, in dem u. a. die Flaschen für die Burgunderweine hergestellt werden. Mit der günstigen Geografie hängt wohl auch die lange Geschichte zusammen, die schon 300 Jahre vor Beginn unserer Zeitrechnung begann. Später mauserte sich Chalon zu einem der bedeutendsten Häfen an der Saône, ehe die fränkischen Burgunderkönige im 6. und 7. Jh. dort ihren Sitz einrichteten. Invasionen, Plünderungen und Zerstörungen, nicht zuletzt eine Pestepidemie, leiteten den Niedergang ein, den die Stadt erst im 16. Jh. überwand.

Ein günstiger Ausgangspunkt für eine Stadttour zu Fuß ist die belebte Place d'Hotel de Ville, auf die die Kirche **St-Pierre** ihren mächtigen Schatten zeichnet. Sie gehört zu den wenigen Barockbauten von Burgund. Schräg gegenüber befand sich im 18. Jh. ein Ursulinenkonvent. Es beherbergt heute das **Musée Denon.** Neben vorgeschichtlichen und gallo-römischen Funden zeigen die Ausstellungen Sakralkunst und Gemälde vom 17. bis zum 19. Jh.

Im Osten des Rathausplatzes beginnt die Fußgängerzone **Rue au Change.** Moderne Schaufenster machen in diesem historischen Stadtkern

Berühmter Sohn

Dominique Vivant Denon (1747 bis 1825) wurde in Chalon-sur-Saône geboren und führte als Diplomat ein bewegtes Berufsleben. Stationen seines Dienstes führten ihn in die Schweiz, nach Italien und St. Petersburg. Nach der Französischen Revolution profilierte er sich als nationaler Modedesigner, begleitete Napoleon als Schlachtenzeichner nach Ägypten und war in den eroberten Ländern für den Transfer geraubter Kunstschätze nach Paris zuständig.

manche alte Fassade zum Schandfleck wie etwa die der Maison Colason (Nr. 3) mit ihren beiden Medaillons und den eisernen Balkonbalustraden. Auch in der **Rue de Chatelet,** einer weiteren verkehrsberuhigten Einkaufsstraße, fallen historische Stadthäuser wie die Maison des Quatre Saisons (Nr. 37) von 1657 mit den in vier Szenen festgehaltenen Jahreszeiten und einem steinernen Wasserspeier auf. Ein reizvolles Ensemble bilden die vier Eckhäuser um den Schnittpunkt der Straßen Rue du Châtelet und Grande Rue.

Die Fußgängerzone führt geradewegs zu der alten, teilweise mit geschmackvoll restaurierten Häusern umgebenen **Place St-Vincence.** Bei Renovierungsarbeiten wurde an einigen Fassaden unter dem Putz uraltes Fachwerk entdeckt. Die **Cathédrale St-Vincence** zeigt sich in Anbetracht ihrer langen Bauzeit vom 11. bis zum 16. Jh. in einem wenig einheitlichen Stil. An ihrer Stelle stand einst ein dem römischen Gott Merkur geweihter Tempel.

Auf dem Rückweg über den Quai de la Poterne spannt sich der **Pont St-Laurent** über die Saône, ein ausgezeichneter Aussichtspunkt auf die schöne Uferpromenade.

Tipp Ein paar Schritte weiter präsentiert die Sammlung des **Musée Niepce** (28, quai des Messageries) Dokumente aus der Arbeit des Fotopioniers Nicéphore Niepce (s. S. 19). Ausgestellt sind auch jede Menge alter Fotoapparate.

Treffpunkt aller Nachtschwärmer in Chalon-sur-Saône ist die **Disco Le King** (2, quai Gambetta, Tel. 03 85 48 72 85).

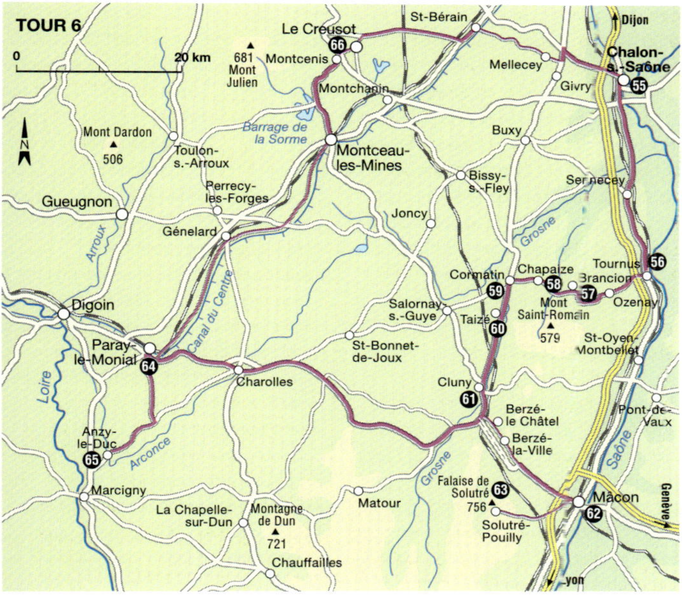

6
Seite 89

**Tournus 56

Tournus (7000 Einw.) würde sich mit seinen verwinkelten Straßen und Gassen, niedrigen Hauseingängen und betagten Fassaden nicht wesentlich von anderen Kleinstädten Burgunds unterscheiden, stünde nicht mitten im Ortskern mit der Kirche ***St-Philibert** ein Baumonument, auf das – abgesehen von St-Bénigne in Dijon – die meisten späteren Bauten der Epoche zurückgehen. Von der Durchgangsstraße fällt der Blick zwischen zwei massiven Befestigungstürmen hindurch auf die aus unterschiedlich großen Quadern hochgemauerte Westfassade mit Seitenturm. Selbst der Laie ist vom eigentümlichen Reiz der einfachen und doch so imponierenden Architektur dieser Kirche fasziniert. Bereits im 6. Jh. war die an der römischen Via Agrippina zwischen Lyon und Trier gelegene Stadt ein Wallfahrtsort. Die Gläubigen verehrten den hl. Valerian, der dort im 2. Jh. den Märtyrertod starb. Später entstand ein Kloster, in das im Jahre 875 Mönche aus Noirmoutier an der Atlantikküste die Reliquien des hl. Philibert brachten. Die Brüder waren vor den einfallenden Wikingern geflohen, die plündernd und brandschatzend über den nordwestlichen Teil Frankreichs herfielen. Die Mönche von Tournus bauten zu Beginn des 10. Jhs. eine Kirche, die 937 von den in Burgund einfallenden Ungarn zerstört wurde. Um die Mitte des 10. Jhs. machten sich die Brüder erneut an den Bau einer Glaubensfestung, von der nach einem Brand nur die Krypta übrig blieb. Auf ihren Fundamenten entstand nach 1007 das heutige Gotteshaus mit dem im 12. Jh. vollendeten Vierungsturm.

Die Westfassade der bis 2002 umfassend renovierten Kirche St-Philibert wirkt mit ihren mächtigen Mauern aus groben Steinquadern, kleinen Fenstern und Öffnungen wie eine trutzige Burg. Die Wände der Vorhalle schmücken Fresken aus dem 14. Jh. Eine Treppe führt hinauf zur Chapelle St-Michel. Von dort blickt man in das ebenmäßige dreischiffige Langhaus mit seinen unterschiedlichen Gewölbeformen, die auf mächtigen, unverputzten Pfeilern aus gelblichem Stein ruhen. Die drei Kapellen im Chorumgang stammen wahrscheinlich vom Vorgängerbau aus dem 10. Jh. In der Krypta sind Wandmalereien aus dem 12. Jh. ebenso gut erhalten wie die Kapitelle, die stilistisch jenen in der Krypta von St-Bénigne in Dijon ähneln. An der Südseite schließt sich das frühere Kloster mit einem Weinkeller und einem Speisesaal an.

Verwinkelte Straßen und Gassen zeichnen Tournus aus

Einen Blick ins Alltagsleben der Bevölkerung Burgunds erlaubt das **Musée Bourguignon** (Place de L'Abbaye). Zu sehen sind Spitzen aus Cluny, Küchengeräte, Mobiliar aus dem 18. Jh. und Trachten der Region.

6
Seite 89

Syndicat d'Initiative, Place Carnot, 71700 Tournus, Tel. 03 85 27 00 20, Fax 03 85 27 00 21, www.perso.wanadoo.fr/tournus

Zugverbindung: Dijon, Chalon-sur-Saône, Mâcon, Lyon, Paris (Avenue Gambetta).

Le Rempart, 2, av. Gambetta, Tel. 03 85 51 10 56, Fax 03 85 51 77 22; www.lerempart.com. Gepflegte Unterkunft sogar mit Suiten und allen Annehmlichkeiten. ○○○

Hôtel de la Paix, 9, rue J.-Jaurès, Tel. 03 85 51 01 85, Fax 03 85 51 02 30, www.hotel-de-la-paix.fr. Zentral in Ufernähe gelegen. ○○

Hôtel St-Philibert, 19, av. Gambetta, Tel. 03 85 51 00 44. Einfachere, aber saubere Zimmer. ○

Campingplatz: Camping Municipal »En Bagatelle«, Tel. 03 85 51 16 58.

Restaurant Greuze, 1, rue A.-Thibaudet, Tel. 03 85 51 13 52, Fax 03 85 51 75 42. Fabelhafte burgundische Spezialitäten wie *quenelle de brochet* (Hechtklößchen). ○○○

Le Rempart, s. Hotel. Küchenkunst auf hohem Niveau z. B. mit gebratenen Hasenschlegeln in Honig. ○○○

Aux Terrasses, 18, av. 23ième Janvier, Tel. 03 85 51 01 74. Beliebtes Restaurant, exellente Küche. ○○

Tipp Westlich von Tournus windet sich die Straße D14 zur Passhöhe **Col de Beaufer** hinauf. Typisch für das umliegende Bergland des Mâconnais sind winzige Ortschaften mit mächtigen alten Bauernhöfen, die sich hinter efeuüberwucherten Eingängen verstecken.

Die frühromanische Kirche St-Pierre in Brancion

Brancion 57

Das Örtchen (150 Einw.) balanciert auf einem Felsvorsprung hoch über geometrischen Ackerflächen. Im 11. Jh. probten seine Burgherren gerne den Aufstand gegenüber den Äbten von Cluny und den Grafen von Chalon. Von der einflussreichen Rolle zeugt die teilweise zerfallene Befestigungsanlage. Vom restaurierten Bergfried sind bei klarer Sicht die Berge des Morvan und die Gegend um Autun gut zu erkennen.

Die Besucher interessieren sich vor allem für die frühromanische Kirche St-Pierre. Eine Besonderheit sind im linken Seitenschiff sowie in den Chorapsiden gotische Fresken, die zur Zeit des Herzogs Eudes IV im 14. Jh. entstanden. Die Fresken im Chor zeigen Christus auf einem Thron sowie Auferstehungs- und Pilgerszenen, im linken Seitenschiff ist Abraham zu erkennen, der die Seelen zweier Verstorbener aufnimmt. Vor der Kirche bricht der Felssporn abrupt ab. Der Blick reicht von dort über das am Fuß des Berges gelegene La Chapelle-sous-Brancion weit über das ganze Umland hinweg.

In Brancion gibt es kein einziges verputztes Haus. Sämtliche Gebäude sind aus groben Steinblöcken hochgemauert. An den holprigen Straßen ent-

6
Seite 89

lang ziehen sich Mauern, die von Efeu überwuchert und mit Steinplatten abgedeckt sind, Moos und Flechten bilden hier winzige Biotope.

In der Nachbarschaft der uralten Markthalle bietet die **Auberge du Vieux Brancion** Menüs und Zimmer (Tel. 03 85 51 03 83, Internet: perso.wanadoo.fr/brancion/Auberge.htm. ○○

Chapaize 58

Mit seiner frühromanischen Kirche **St-Martin** ist der Ort ein lohnendes kunsthistorisches Ziel. Im Unterschied zu anderen frühromanischen Bauwerken in Burgund zeigt sie deutliche Einflüsse der italienischen Baukunst. Grundriss, Bauschmuck und vor allem der Glockenturm sehen einem lombardischen Campanile täuschend ähnlich. Vermutlich wurde der Sakralbau auf Verlangen der Äbte von St-Pierre in Chalon gebaut. Sie pflegten mit Wilhelm von Volpiano guten Kontakt, der sich als Abt und Auftraggeber von Bauten großer Abteien in Italien und Frankreich einen Namen gemacht hatte. Die ältesten Teile der Kirche, etwa die imponierenden Rundsäulen im Innern, stammen aus der Zeit vor 1030. In nachfolgenden Jahrhunderten wurde die Kirche teilweise umgebaut, doch blieb ihre frühromanische Grundform unangetastet.

6

Seite 89

Cormatin 59

Wie viele andere versteckten auch die Herren von **Château Cormatin** ihren Hang zur Prachtentfaltung vor den Augen der Öffentlichkeit geschickt hinter nüchternen Mauern. Wer die Schwelle übertritt, wird von der barocken Üppigkeit des Louis-XIII-Stils in Raumfluchten, Treppenhäusern und Wandelhallen fast geblendet.

Taizé 60

Die ländliche Beschaulichkeit im Tal der Grosne rund um Cormatin wird höchstens im Frühjahr gestört, wenn junge Leute aus allen Teilen Europas nach Taizé strömen, wo alljährlich an Ostern ein ökumenisches Treffen junger Christen verschiedener Konfessionen stattfindet.

Auch in der restlichen Zeit des Jahres kommen viele in diese Religionsgemeinde, in der ständig 90 Brüder aus über zwei Dutzend Ländern leben

Bruder Roger

Nichteingeweihte könnten beim Anblick meist junger Leute bepackt mit Rucksäcken, Luftmatratzen und Isomatte von der Annahme ausgehen, es handele sich um den Massenanstrum auf ein Rockkonzert oder Popfestival hier im südlichen Burgund. Ihr Ziel ist jedoch die winzige Landgemeinde Taizé, wo alljährlich zu Ostern ein ökumenisches Treffen von Jugendlichen aus aller Welt stattfindet.

Zehntausende pilgern zu Pater Roger Schutz, der 1940 als Theologiestudent aus Lausanne in diese Gegend kam, sich auf einem leer stehenden Bauernhof niederließ und eine eigene Ordensgemeinschaft gründete. Als überzeugter Protestant glaubt er zutiefst an die Einheit aller christlichen Kirchen und setzt sich für eine Versöhnung ihrer Mitglieder ein.

und arbeiten – in einer Druckerei, einer Töpferei, einer Emailwerkstatt oder auf den Feldern, deren Erzeugnisse die Gemeinschaft ernähren.

**Cluny 61

Ein über ganz Europa hinweg strahlender »Leuchtturm« der Christenheit, eine Hochburg von Geist und Kultur war im ausgehenden ersten nachchristlichen Jahrtausend die berühmte, 910 gegründete **Abtei** von Cluny (4400 Einw.). Dort begann eine bedeutende Reformbewegung der katholischen Kirche und des Mönchswesens, nachdem der Sittenverfall den gesamten Klerus inklusive des Vatikans hatte

Von Cluny ging eine bedeutende Reformbewegung aus

Über zwei Millionen Menschen suchten bis heute den Weg nach Taizé, um in dem schmucklosen Dorf an Bibelgesprächen, Diskussionen, Meditationen und Gebeten teilzunehmen. Einzelne Veranstaltungen ziehen bis zu 6000 Menschen an. Die Teilnehmer übernachten in Zelten oder einfachen Unterkünften. Entsprechend ihren persönlichen finanziellen Möglichkeiten zahlen sie eine angemessene Summe für Kost und Logis.

Doch die Brüder von Taizé wirken auch außerhalb ihrer Heimatgemeinde. Frère Roger reiste im Jahr 1985 ins indische Madras, um sich in den Elendsvierteln der Riesenstadt hauptsächlich um die hungernden und kranken Kinder zu kümmern. Auch in anderen Erdteilen ist der Orden vertreten. Aus dem ehemaligen Jugoslawien und Ruanda wurden in den vergangenen Jahren Kriegswaisen in der Absicht nach Taizé geholt, ihnen hier den Weg in eine lebenswerte Zukunft zu ermöglichen.

Die Gemeinschaft von Taizé wirbelte seit ihrer Gründung viel Staub auf. Selbst der Papst kam in den 1980er Jahren zu Besuch, um den Orden und seinen charismatischen Prior persönlich zu erleben. Ihm folgte u. a. der Erzbischof von Canterbury. Nachdem Roger Schutz bereits 1974 den Friedenspreis des Deutschen Buchhandels erhalten hatte, zeichnete ihn 1988 die UNESCO mit ihrem Preis für Friedenserziehung aus. Nach dem Fall des Eisernen Vorhanges richtet sich das Augenmerk des Ordens vor allem auf den ehemaligen Ostblock. So verwundert es nicht, dass bereits zu Beginn der 1990er Jahre in Prag ein erstes großes ökumenisches Treffen stattfand.

6
Seite 89

morsch werden lassen. Von Cluny, dem größten jemals gebauten Kloster des Abendlands, gingen der Kreuzzugsgedanke, die Reconquista in Spanien und die liturgische Erneuerung des Mönchswesens nach den Prinzipien des hl. Benedikt von Nursia (etwa 480–542) aus. Cluny entwickelte den einseitig nach Osten gerichteten Bau über dem Grundriss eines lateinischen Kreuzes mit Staffelchor im Osten. Ihren Ruf als größter Sakralbau der Christenheit verlor die hauptsächlich 1088–1130 erbaute Abteikirche **St-Pierre-et-St-Paul** erst 1626 mit der Fertigstellung des Petersdoms in Rom. Von der Kirche blieb nur ein Teil des südlichen Querhauses erhalten.

Bis zur Säkularisation nach der Französischen Revolution regierte und verwaltete Cluny ein mönchisches Großreich, das sich über ganz Westeuropa erstreckte. Um die Mitte des 12. Jhs. arbeiteten allein in dieser Abtei etwa 460 Mönche; weitere 10 000 unterstanden der Autorität des Abtes von Cluny in über 1400 Filialklöstern. Im 14. Jh. schwanden Einfluss und Reichtum von Cluny in einem Zeitalter, das durch die Dekadenz der Äbte und Mönche gekennzeichnet war. Im 16. Jh. war die ursprüngliche Größe von Cluny dahin, die einzelnen Gebäude wurden zu einem Steinbruch degradiert, bis sie für 2 Mio. Francs in den Besitz eines Spekulanten aus Mâcon übergingen. 1823 war die Anlage so weit geplündert und abgerissen, dass nur noch übrig war, was heute an baulichen Resten zu sehen ist. Die imposanten Ruinen lassen die einstige Größe der Anlage erahnen.

Die Benediktinerabtei von Cluny war bis ins 12. Jh. hinein ein Zentrum geistiger, religiöser, politischer, wirtschaftlicher und künstlerischer Macht

Viele Ausgrabungsstücke, Baudetails, Fragmente von Bildhauerarbeiten, religiöse Plastiken, Reste der Bibliothek und Rekonstruktionen geben im **Musée Ochier** einen Überblick über die Geschichte von Cluny (wechselnde Öffnungszeiten, Info bei Cluny Tourisme).

i **Cluny Tourisme,** 6, rue Mercière, Tel. 03 85 59 05 34, www.taize.fr

Preiswert und gut stärkt man sich nach einer Besichtigung im Restaurant **Hermitage (Route Cormatin, ca. 1 km außerhalb von Cluny, Tel. 03 85 59 27 20; ○○).

Mâcon 62

Wer nicht in Eile ist, fährt am besten über den Circuit Lamartine von Cluny nach Mâcon, eine Ferienstraße, die parallel zur Nationalstraße verläuft.

Mit ihren heiteren, bunt getünchten Hausfassaden entlang dem Quai Lamartine am Ufer der Saône wirkt Burgunds südlichste Stadt (37 200 Einw.) sehr mediterran. Beim Blick über die roten Ziegeldächer mit den Kirchtürmen im Hintergrund fühlt man sich ein bisschen an Florenz erinnert. Ein Stadtrundgang beginnt praktischerweise beim Office du Tourisme an der Rue Carnot, das in einem begrünten Glaspavillon eingerichtet ist.

Schräg gegenüber ragen die beiden Türme der im 19. Jh. erbauten Kirche **St-Pierre** auf. Der neoromanische Bau ist im Innern sehenswerter als von außen. Kapellenfresken, eine fünfgliedrige Predigerkanzel, ein Rosettenfenster und die Orgel sind solide Handwerksarbeit. Vom Touristenbüro führt die Fußgängerzone Rue Carnot zur Place aux Herbes mit dem bekann-

6

Seite 89

testen und ältesten Gebäude der Stadt, der **Maison de Bois** (1490 bis 1510). Die Fassaden bestehen ab dem ersten Geschoss ganz aus Holz, wobei viele Absätze und Fensterumrandungen Schnitzwerk mit figürlichen Darstellungen, aber auch geometrische und pflanzliche Motive aufweisen.

Im Ursulinenkloster war während der Französischen Revolution der Dichter Lamartine eingesperrt, heute ist in den Räumen das **Musée des Ursulines** (Rue des Ursulines) eingerichtet, das viele vorgeschichtliche Funde aus Solutré (s. S. 97) hütet.

Von der gotischen Kathedrale **Vieux St-Vincent** (Rue de Strasbourg) blieb

Auf dem Literaturpfad

Literarisch versierte Besucher wandern in Mâcon gern auf den Spuren des Dichters Alphonse de Lamartine (1790–1869). Er gehörte neben Victor Hugo und Stendhal zu den Begründern der französischen Romantik. Zu den Stationen an dem nach ihm benannten Weg durch die Stadt gehören sein Geburtshaus (Rue des Ursulines), seine ehemalige Wohnung (Rue Lamartine), wo er die berühmten »Méditations poétiques« zu Papier brachte, sein Denkmal am Flussufer gegenüber dem Rathaus sowie das Musée Lamartine (41, rue Sigorgne, Tel. 03 85 39 90 38, Öffnungszeiten: tgl. außer Di 10–12, 14–18, So nur vormittags; auf Wunsch Führungen). Das Museum beherbergt das Mobiliar und Wandteppiche Lamartines. Die Ausstellung geht auch auf die politische Karriere des Dichters ein.

6

Seite 89

Der Pont de St-Laurent überspannt in Mâcon die Sâone

nach den Zerstörungen während der Französischen Revolution nur die imposante Ruine mit Doppeltürmen erhalten. Der **Pont de St-Laurent** überspannt seit dem 11. Jh. die Sâone. Im 12. Jh. existierte mitten auf der Brücke neben einem Wehrturm eine Kapelle, die dem hl. Nicolas geweiht war. In den folgenden Jahrhunderten wurde die Brücke um- und ausgebaut, um die Durchfahrt größerer Schiffe zu gewähren. Am Quai entlang führt ein Weg zum **Hôtel de Ville,** vor dem der berühmte Sohn der Stadt, der Dichter Alphonse de Lamartine auf einem Sockel steht.

i **Office de Tourisme,** 1, place St-Pierre, Tel. 03 85 21 07 07, Fax 03 85 40 96 00; www.macon-bourgogne.com

Zugverbindung: Mâcon-Loché ist Haltestelle an der TGV-Strecke Paris–Lyon. Mâcon-Ville liegt an der Strecke Lyon–Dijon.

Mercure Bord de Saône, 26, rue Pierre-de-Coubertin, Tel. 03 85 21 93 93, Fax 03 85 39 11 45; www.mercure.com. Ein Drei-Sterne-Hotel mit Schwimmbad und Garten. ○○○

Weithin sichtbar ragt die schroffe Falaise de Solutré aus der Hügellandschaft auf

Falaise de Solutré 63

Dieses unverwechselbare Kennzeichen des Mâconnais markiert eines der bekanntesten archäologischen Fundgebiete in Burgund, seit der Wissenschaftler Adrien Arcelin dort vor über 130 Jahren seine ersten Untersuchungen anstellte.

Was die Forscher seit damals zu Tage förderten, führte zu verblüffenden Ergebnissen. Die Gegend muss schon vor mehr als 100 000 Jahren von Jägern und Sammlern durchstreift worden sein. Zu den interessanten Funden gehören zweifellos die Grabstätten aus der Zeit der Völkerwanderung, steinzeitliche Waffen, Arbeitsgeräte und Skelettreste von Urtieren.

Am rätselhaftesten waren aber die Knochen von Zigtausenden von Wildpferden, die wahrscheinlich von Generationen von Jägern über den Solutré-Felsen in den Abgrund getrieben und so erlegt wurden.

Hôtel Bellevue, 416, quai Lamartine, Tel. 03 85 21 04 04, Fax 03 85 21 04 02; www.ila-chateau.com/bellevue. Zentrales, angenehmes Haus, dessen Komfort keine Wünsche offen lässt. ○○○

Hôtel Concorde, 73, rue Lacretelle, Tel. 03 85 34 21 47, Fax 03 85 29 21 79. Sehr wohnliche Zimmer und ein guter Service verwöhnt die Gäste. ○○

Campingplatz: Camping Caravaning, 1, rue des Grandes Varennes, Tel. 03 85 38 16 22.

Pierre, 7, rue Dufour, Tel. 03 85 38 14 23. Gaumenfreuden wie gebratene Bresse-Hühner und Tournedos vom Charolais-Rind. ○○

Im Westen von Mâcon liegt bei Solutré-Pouilly die prägnante, 756 m hohe **Falaise de Solutré,** die wie ein halb versunkener weißer Schiffsbug aus der Hügellandschaft aufragt.

**Paray-le-Monial 64

Neben den Touristen, die sich für den kleinen, aber feinen Ort (9200 Einw.) in der burgundischen Provinz interessieren, sind es vor allem die Pilger, die zu religiösen Wallfahrten anreisen. Paray-le-Monial ist neben Lourdes der bekannteste Wallfahrtsort des Landes. Der Kult geht auf eine angebliche Christuserscheinung der Ordensschwester Marguerite-Marie Alacoque (1647–1690) zurück, die 1920 von Papst Benedikt XV. heilig gesprochen wurde. Ihr Fest findet alljährlich am 17. Oktober, ihrem Todestag, statt. Ein zweiter Wallfahrtstermin ist das Herz-Jesu-Fest am zweiten Freitag nach Fronleichnam. Die sterblichen Überreste der Nonne liegen in einem vergoldeten Reliquienschrein in der **Chapelle**

6
Seite 89

Die romanische Basilika Sacré-Cœur in Paray-le-Monial

de la Visitation (Rue de la Visitation). An dieser Stelle soll sie zwischen 1673 und 1689 wiederholt Erscheinungen gehabt haben.

Die **Basilique du Sacré-Cœur** (Avenue Jean-Paul II) entstand ab etwa 1090. Ihre Ähnlichkeit zu Cluny erklärt sich dadurch, dass Auftraggeber Hugo de Semur dasselbe Handwerkerteam engagierte. Überwältigend ist der erste Eindruck beim Betreten der Kirche. Fällt der Besuch in die Abendstunden, schaffen spärlich gesetzte Leuchten zarte Lichtpunkte und magisch-dunkle Schatten. Erst langsam gewöhnt man sich an diese imponierenden Dimensionen. Allein das Mittelschiff ist 22 m hoch. Neben romanischer Architektur hat die Stadt eines der schönsten Renaissance-Rathäuser (Rue de la Paix) von Burgund zu bieten.

Seite 89

Anzy-le-Duc 65

Nur etwa 20 Autominuten südwestlich liegt inmitten des ländlich-sympathischen Brionnais das Dorf Anzy-le-Duc

Ein architektonisches Kleinod ist die Kirche von Anzy-le-Duc

mit einem architektonischen Kleinod. Es handelt sich um eine ehemalige Prioratskirche im cluniazensischen Stil mit einem sehr ungewöhnlichen romanischen Glockenturm aus dreigeschossigen, ackteckigen Arkaden. Besonders kunstvoll sind die Figurenkapitelle des Langhauses gearbeitet, die zu den ältesten in Burgund zählen.

Le Creusot 66

Am Canal du Centre entlang verläuft die Tour in nördlicher Richtung ins »burgundische Ruhrgebiet«, das Bassin Industriel du Creusot. Eisen- und Kohlelagerstätten, die man bereits zu Anfang des 16. Jhs. kannte und in geringem Umfang abbaute, ließen zu Beginn des 19. Jhs. eine Eisen verarbeitende Industrie entstehen, die sich heute noch mit Fördertürmen und Werkhallen in Erinnerung bringt.

Städtischer Mittelpunkt dieses Industriereviers ist Le Creusot mit ca. 26 300 Einwohnern. Heute läuft hier der Hochgeschwindigkeitszug TGV vom Band. In Château de la Verrie (Place Schneider) ist das Technikmuseum **Musée de l'homme et de l'industrie** eingerichtet.

Die Nationalstraße verläuft direkt nach **Chalon-sur-Saône.** Landschaftlich reizvoller ist die Nebenstrecke über St-Bérain und Mellecey.

Infos von A–Z

Ärztliche Versorgung

Die Apotheken *(Pharmacies)* mit Notdienst sind in der Lokalpresse, teils im Touristenbüro *(Syndicat d'Initiative* bzw. *Office de Tourisme)* und immer in den Apotheken selbst angezeigt.

Behinderte

Ein Hotel- und Restaurantführer kann angefordert werden bei:
A.P.F., 17, bd Auguste-Blanqui, 75013 Paris, Tel. 01 40 78 69 00,
Fax 01 45 89 40 57, E-Mail: info@apf.asso.fr, www.apf.asso.fr

Diplomatische Vertretungen

Deutschland

- Botschaft: 13–15, av. Franklin-D.-Roosevelt, 75008 Paris,
Tel. 01 53 83 45 00, Fax 01 43 59 74 18; www.amb-allemagne.fr
- Generalkonsulat: 33, bd des Belges, 69458 Lyon Cedex 06, Tel. 04 72 69 98 98, Fax 04 72 43 06 94.

Österreich

- Botschaft: 6, rue Fabert, 75007 Paris, Tel. 01 40 63 30 63, www.bmaa.gv.at/embassy/frfrance/index.html.fr
- Konsulat: 17, av. Villars, 75007 Paris, Tel. 01 40 63 30 90, Fax 01 45 55 91 50.
- Honorarkonsulat: 21, rue Bourgelat, 62002 Lyon, Tel. 04 72 40 97 89.

Schweiz

- Botschaft: 142, rue de Grenelle, 75007 Paris, Tel. 01 49 55 67 00, Fax 01 45 55 67 67; www.eda.admin.ch
- Generalkonsulat: 4, place Charles Hernu, 69100 Villeurbanne (Lyon), Tel. 04 72 75 79 10.
- Konsulat: 18, cours du G. de Gaulle, 21000 Dijon, Tel. 03 80 67 30 10, Fax 03 80 66 36 46.

Einreise

Obwohl Bürger aus der Europäischen Union (EU) beim Grenzübertritt keiner Kontrolle mehr unterliegen, dürfte es eine Selbstverständlichkeit sein nicht ohne den Personalausweis reisen.

Für Schweizer gilt weiterhin, dass sie bei der Ein- und Ausreise in Besitz eines gültigen Reisepasses sein müssen. Kinder unter 16 Jahren aus den EU-Ländern, die keinen eigenen Kinderausweis haben, müssen im Pass der Eltern eingetragen sein.

Elektrizität

Bis auf wenige Ausnahmen beträgt die Netzspannung 220 V. In ländlichen Gegenden gibt es manchmal noch 110 V. Geräte mit Flachsteckern und einer Umstellmöglichkeit auf eine niedrige Voltzahl (z. B. mit einem Adapter) sind für solche Fälle praktisch.

Feiertage

Neujahr, Ostermontag, 1. Mai, 8. Mai (Waffenstillstand 1945), Himmelfahrt, Pfingstmontag, 14. Juli (Nationalfeiertag), 15. August, 1. November (Allerheiligen), 11. November (Waffenstillstand 1918), 25. Dezember.

Fotografieren

In Schlössern und Museen ist das Fotografieren oder Filmen, wenn überhaupt, nur ohne Stativ und Blitz gestattet. Manchmal muss eine Erlaubnis extra bezahlt werden.

Geld

Ab Januar 2002 ist der Euro das einzig gültige Zahlungsmittel in Frankreich.
Notdienst bei Kreditkartenverlust:
Visa: Tel. 01 42 77 11 90;
Euro-Mastercard: Tel. 01 45 67 53 53.

Haustiere

Hunde und Katzen müssen bei der Einreise mindestens drei Monate alt sein. Die letzte Tollwutschutzimpfung bei ausgewachsenen Tieren muss spätestens 30 Tage vor der Einreise nach Frankreich vorgenommen werden, darf aber nicht länger als ein Jahr zurückliegen.

Information

Auskünfte und Prospekte über alle Regionen Frankreichs erhält man beim Französischen Fremdenverkehrsamt; www.franceguide.com

- **Deutschland:** 60325 Frankfurt/M., Westendstr. 47, Tel. 01 90/57 00 25 (Infoline und Prospektbestellung rund um die Uhr, 1,21 DM/Minute), Fax 01 90/59 90 61. 10707 Berlin, Postfach 15 04 65. Tel. 0 30/2 18 20 64, Fax 2 14 12 38; www.maison-de-la-france.com
- **Österreich:** Argentinierstr. 41, 1040 Wien, Tel. 0900-25 00 15, Fax 01/5 03 28 71; www.maison-de-la-france.at
- **Schweiz:** Rennweg 42, 8023 Zürich, Tel. 09 00/90 06 99, www.franceguide.com

Jeder Ort von einiger touristischer Bedeutung besitzt einen Verkehrsverein *Syndicat d'Initiative* oder ein Verkehrsamt *Office de Tourisme*. Die wichtigsten Anschriften sind im Reiseführer unter den jeweiligen Ortschaften zu finden.

Krankenversicherung

Obwohl zwischen Deutschland und Frankreich ein Sozialversicherungsabkommen besteht, ist der Versicherungsschutz durch die gesetzlichen Krankenkassen nicht garantiert. Nicht alle Ärzte akzeptieren den Auslandskrankenschein; sie rechnen stattdessen lieber privat mit den erkrankten Urlaubern ab.

Für eine problemlose ärztliche Versorgung ist der Abschluss einer privaten Auslandsreise-Krankenversicherung zu empfehlen.

Notruf

- **Polizei** *(police):* Tel. 17.
- **Feuerwehr** *(Sapeurs pompiers):* Tel. 18.
- **Pannenhilfe** SOS Dépannage Tel. 01 47 07 99 99.

Pannenhilfe der AIT-Assisance (landesweit kostenlos, ausgenommen Autobahnen): 04 72 17 12 22.
S.A.M.U. (Krankenwagen/Notarzt): Tel. im örtlichen Telefonbuch.

Öffnungszeiten

In Frankreich gibt es kein striktes Ladenschlussgesetz. Die Öffnungszeiten werden häufig individuell gehandhabt. So haben in der Regel kleinere Geschäfte und Banken auf dem Land kürzere Geschäftszeiten als in der Stadt.

- **Banken:** Sie sind in der Regel von 9 bis 13 und 15 bis 17 geöffnet. Manche Filialen halten sich auch samstags vormittags für Kunden bereit.
- **Behörden:** Mo–Fr 9–12 und 14–17 Uhr.
- **Geschäfte:** Normalerweise sind die Geschäfte 9 bis 12 und 14–19 Uhr geöffnet.

Während der Reisesaison bleiben in den Ferienorten die Ladentüren je nach Bedarf abends oft länger geöffnet. Dafür schließen sich die Pforten in der Nebensaison um so früher. Kleinere Geschäfte gönnen sich einmal pro Woche einen Ruhetag, wie z. B. Bäckereien, die häufig am Montag geschlossen sind. Dafür gibt es am Sonntagmorgen frische Croissants und knusprige Baguettes.

Viele der riesigen *Hypermarchés* haben durchgehend von 9 bis 21 Uhr geöffnet. Nur am Montagmorgen sind die meisten dieser Supermärkte bis 12 bzw. bis 13 Uhr geschlossen.

- **Postämter:** Sie sind Mo–Fr 9–18 Uhr (auf dem Land Mo–Fr 8–12 und 14–18.30 Uhr) sowie Sa bis 12 Uhr geöffnet.
- **Museen:** Die meisten staatlichen Museen sind Mo oder Di geschlossen. Die Öffnungszeiten der kleinen Museen werden sehr flexibel gehandhabt. Erkundigen Sie sich beim *Syndicat d'Initiative* bzw. *Office de Tourisme* des jeweiligen Ortes.

Post

Briefmarken *(timbres)* gibt es nicht nur in den Postämtern, sondern auch im Zigarettenladen *(Tabac)* oder Bars mit Zigarettenverkauf *(Bar-Tabac)*.

Radio

Sendungen in deutscher Sprache produziert die deutsche Redaktion von RFI (Radio France International).

Frequenzen: Mittelwelle 235 m = 1278 kHz, Kurzwelle 49 m »Europaband« = 5150 kHz und 41 m = 7145 kHz, tgl. 19–20 Uhr. Informationen unter Tel. 01 56 40 30 93.

Rauchen

In Frankreich gibt es keine Automaten für Zigaretten. Man bekommt sie aber im *Bar-Tabac*. Seit 1992 ist das Rauchen in allen öffentlichen Gebäuden und in den öffentlichen Verkehrsmitteln untersagt. Die Gastronomie bietet Raucher- und Nichtraucherplätze an. Manche Bar- und Cafébesitzer haben ihre Lokale der Einfachheit halber zu Raucherlokalen erklärt.

Telefon

Wer ohne Handy reist besorgt sich am besten in Frankreich eine Telefonkarte, da die meisten öffentlichen Telefone von Münz- auf Kartenbetrieb umgestellt wurden.

Télécartes sind mit 50 oder 120 Einheiten ausgestattet und werden in Tabakläden und Zeitungsgeschäften verkauft. Auch mit einer Kreditkarte der CB-Bank kann man telefonieren. Die Tarife variieren je nach Zielland (kostenlose Informationen unter der Nr. 08 00 06 19 19).

Am preisgünstigsten sind Ferngespräche Mo-Sa zwischen 0 und 3 Uhr und an Wochenenden. Zu diesen Zeiten kann man im Inland bis zu 50 und bei Auslandsgesprächen sogar bis zu 20% des Grundtarifs locker einsparen.

Die Benutzung von Mobiltelefonen im D 1- und D 2-Netz ist problemlos.

Vorwahlen:

- Deutschland: 0049
- Österreich: 0043
- Schweiz: 0041
- Frankreich: 00 33

Trinkgeld

Der Bedienungszuschlag ist laut Gesetz immer im Preis inbegriffen. Ein zusätzliches Trinkgeld in Höhe von 5–10 % wird aber gewöhnlich erwartet. Auch im übrigen Servicebereich (Taxi, Hotel, Fremdenführer) ist ein angemessenes Trinkgeld üblich.

Zollbestimmungen

Seit der Öffnung der Grenzen innerhalb des Gemeinsamen Marktes müssen Reisende aus Ländern der Europäischen Union bei Waren für den persönlichen Bedarf grundsätzlich keine Einfuhrbestimmungen mehr berücksichtigen. Für den privaten Gebrauch dürfen somit 800 Zigaretten und 10 l Spirituosen pro Person ab 15 bzw. 17 Jahren mitgenommen werden.

Schweiz: Zollfrei sind Waren bis zum Gesamtwert von 200 CHF, zusätzlich 200 Zigaretten oder 50 Zigarren oder 250 g Tabak, 1 l Spirituosen über 15% oder 2 l unter 15% und 2 l Wein.

Langenscheidt Mini-Dolmetscher

Allgemeines

Guten Tag.	Bonjour. [bõ~~sch~~**ur**]
Hallo!	Salut! [ßa**lü**]
Wie geht's?	Ça va? [ßa **wa**]
Danke, gut.	Bien, merci. [bjẽ mär**ßi**]
Ich heiße ...	Je m'appelle ... [~~sch~~ö ma**päll**]
Auf Wiedersehen.	Au revoir. [o rö**woar**]
Morgen	matin [ma**tẽ**]
Nachmittag	après-midi [aprämi**di**]
Abend	soir [ßoar]
Nacht	nuit [nüi]
morgen	demain [dö**mẽ**]
heute	aujourd'hui [o~~sch~~ur**düi**]
gestern	hier [jär]
Sprechen Sie Deutsch?	Parlez-vous allemand? [par**le** wu al**mã**]
Wie bitte?	Pardon? [par**dõ**]
Ich verstehe nicht.	Je ne comprends pas. [~~sch~~ö nö kõ**prã** pa]
Sagen Sie es bitte nochmals.	Pourriez-vous répéter, s'il vous plaît? [pur**je** wu repe**te** ßil wu **plä**]
..., bitte.	..., s'il vous plaît. [ßil wu **plä**]
danke	merci [mär**ßi**]
Keine Ursache.	De rien. [dö **rjẽ**]
was / wer / welcher	quoi / qui / quel [koa / ki / käll]
wo / wohin	où [u]
wie / wie viel	comment / combien [ko**mã** / kõ**bjẽ**]
wann / wie lange	quand / combien de temps [kã / kõ**bjẽ** dö **tã**]
warum	pourquoi [pur**koa**]
Wie heißt das?	Comment ça s'appelle? [ko**mã** ßa ßa**päll**]
Wo ist ...?	Où est ...? [u ä]
Können Sie mir helfen?	Pouvez-vous m'aider? [pu**we** wu mä**de**]
ja	oui [ui]
nein	non [nõ]
Entschuldigen Sie.	Excusez-moi. [äksküse **moa**]
Das macht nichts.	Ça ne fait rien. [ßa nö fä **rjẽ**]

Sightseeing

Gibt es hier eine Touristeninformation?	Est-ce qu'il y a une information touristique ici? [äskil**ja** ün ẽforma**ßjõ** turis**tik** i**ßi**]
Haben Sie einen Stadtplan / ein Hotelverzeichnis?	Avez-vous un plan de la ville / une liste des hôtels? [a**we** wus ẽ plã dö la wil / ün list des‿o**täll**]
Wann ist das Museum / die Kirche / die Ausstellung geöffnet?	Quelles sont les heures d'ouverture du musée / de l'église / de l'exposition? [käl ßõ les‿ör duwär**tür** dü mü**se** / dö le**glihs** / dö läksposi**ßjõ**]
geschlossen	fermé [fär**me**]

Shopping

Wo gibt es ...?	Où est-ce qu'il y a ...? [u äskil**ja**]
Wie viel kostet das?	Ça coûte combien? [ßa kut kõ**bjẽ**]
Das ist zu teuer.	C'est trop cher. [ßä tro **schär**]
Das gefällt mir. / Das gefällt mir nicht.	Ça me plaît. / Ça ne me plaît pas. [ßa mö **plä** / ßa nö mö plä **pa**]
Gibt es das in einer anderen Farbe / Größe?	Ça existe dans une autre couleur / taille? [ßa äk**sist** dãs‿ün **o**trö ku**lör** / taj]
Ich nehme es.	Je le prends. [~~sch~~ö lö prã]
Wo gibt es hier eine Bank?	Où est-ce qu'il y a une banque ici? [u äskil**ja** ün bãk i**ßi**]
Ich suche einen Geldautomaten.	Je cherche un guichet automatique. [~~sch~~ö schärsch ẽ gi**schä** otoma**tik**]
Geben Sie mir 100 g Käse / zwei Kilo Pfirsiche.	Donnez-moi cent grammes de fromage / deux kilos de pêches. [do**ne moa** ßã gram dö fro**ma~~sch~~** / döh ki**lo** dö päsch]
Haben Sie deutsche Zeitungen?	Avez-vous des journaux allemands? [a**we** wus de ~~sch~~ur**no** al**mã**]
Wo kann ich telefonieren / eine Telefonkarte kaufen?	Où est-ce que je peux téléphoner / acheter une télécarte? [u äskö ~~sch~~ö pöh telefo**ne** / asch**te** ün tele**kart**]

Notfälle

Ich brauche einen Arzt / Zahnarzt.	J'ai besoin d'un médecin / dentiste. [~~sch~~e bö**soẽ** dẽ med**sẽ** / dã**tist**]
Rufen Sie bitte einen Krankenwagen / die Polizei.	Appelez une ambulance / la police, s'il vous plaît. [ap**le** ün ãbü**lãs** / la po**lis** ßil wu **plä**]

Wir hatten einen Unfall.	On a eu un accident. [õ‿na ü ẽn‿akßi**dã**]
Wo ist das nächste Polizeirevier?	Où est le poste de police le plus proche? [u ä lö post dö po**lis** lö plü **prosch**]
Ich bin bestohlen worden.	On m'a volé. [õ‿ma wo**le**]
Mein Auto ist aufgebrochen worden.	On a fracturé ma voiture. [õn‿a fraktü**re** ma woa**tür**]

Essen und Trinken

Die Speisekarte, bitte.	La carte, s'il vous plaît. [la **kart** ßil wu **plä**]
Brot	pain [pẽ]
Kaffee	café [ka**fe**]
Tee	thé [te]
mit Milch / Zucker	au lait / sucre [o lä / **ßü**krə]
Orangensaft	jus d'orange [~~seh~~ü do**rä~~seh~~**]
Suppe	soupe [ßup]
Fisch / Meeresfrüchte	poisson / fruits de mer [poa**ssõ** / früi dö **mär**]
Fleisch / Geflügel	viande / volaille [wjãd / wo**laj**]
Beilage	garniture [garni**tür**]
vegetarische Gerichte	cuisine végétarienne [küi**sin** we~~seh~~etar**jänn**]
Eier	œufs [öh]
Salat	salade [ßa**lad**]
Dessert	dessert [de**ssär**]
Obst	fruits [früi]
Eis	glace [glass]
Wein	vin [wẽ]
weiß / rot / rosé	blanc / rouge / rosé [blã / ru~~seh~~ / ro**se**]
Bier	bière [bjär]
Aperitif	apéritif [aperi**tif**]
Wasser	eau [o]
Mineralwasser	eau minérale [o mine**ral**]
mit / ohne Kohlensäure	gazeuse / non gazeuse [ga**sös** / nõ ga**sös**]
Limonade	limonade [limo**nad**]
Frühstück	petit déjeuner [pöti de~~seh~~ö**ne**]
Mittagessen	déjeuner [de~~seh~~ö**ne**]
Abendessen	dîner [di**ne**]
eine Kleinigkeit	un petit quelque chose [ẽ pö**ti** källkə **schohs**]
Ich möchte bezahlen.	L'addition, s'il vous plaît. [ladi**ßjõ** ßil wu **plä**]
Es war sehr gut. / Es war nicht so gut.	C'était très bon. / Ce n'était pas si bon. [ße**tä** trä **bõ** / ßö ne**tä** pa ßi **bõ**]

Im Hotel

Ich suche ein gutes Hotel / ein nicht zu teures Hotel.	Je cherche un bon hôtel / un hôtel pas trop cher. [~~seh~~ö schärsch ẽ bõn‿o**täll** / ẽn‿o**täll** pa tro **schär**]
Ich habe ein Zimmer reserviert.	J'ai réservé une chambre. [~~sehe~~ resär**we** ün **schãbr**]
Ich suche ein Zimmer für ... Personen.	Je cherche une chambre pour ... personnes. [~~seh~~ö schärsch ün schãbr pur ... pär**ßonn**]
Mit Dusche und Toilette.	Avec douche et toilette. [a**wäk** dusch e toa**lät**]
Mit Balkon / Blick aufs Meer.	Avec balcon / vue sur la mer. [a**wäk** bal**kõ** / wü ßür la **mär**]
Wie viel kostet das Zimmer pro Nacht?	Quel est le prix de la chambre par nuit? [käll‿ä lö pri dö la **schãbr** par **nüi**]
Mit Frühstück?	Avec petit déjeuner? [a**wäk** pöti de~~seh~~ö**ne**]
Kann ich das Zimmer sehen?	Est-ce que je peux voir la chambre? [äskö ~~seh~~ö pöh **woar** la **schãbr**]
Haben Sie ein anderes Zimmer?	Est-ce que vous avez une autre chambre? [**äskö** wus‿a**we** ün otrə **schãbr**]
Das Zimmer gefällt mir / gefällt mir nicht.	La chambre me plaît / ne me plaît pas. [la schãbr mö **plä** / nö mö plä **pa**]
Kann ich mit Kreditkarte bezahlen?	Est-ce que je peux payer avec une carte de crédit? [**äskö** ~~seh~~ö pöh pä**je** a**wäk** ün kart dö kre**di**]
Wo kann ich parken?	Où est-ce que je peux laisser ma voiture? [u **äskö** ~~seh~~ö pöh lä**sse** ma woa**tür**]
Können Sie das Gepäck in mein Zimmer bringen?	Pourriez-vous apporter mes bagages dans la chambre? [pur**je** wu apor**te** me ba**ga~~seh~~** dã la **schãbr**]
Haben Sie einen Platz für ein Zelt / einen Wohnwagen / ein Wohnmobil?	Vous avez de la place pour une tente / une caravane / un camping-car? [wus‿a**we** dö la plass pur ün **tãt** / ün kara**wan** / ẽ kãping**kar**]
Wir brauchen Strom / Wasser.	On a besoin de courant / d'eau. [õn‿a bö**soẽ** dö ku**rã** / **do**]

Orts- und Sachregister

Personenregister

Zeichenerklärung

Unsere Preissymbole bedeuten:

Hotel (DZ):	❍❍❍	ab 80 €	Restaurant:	❍❍❍	ab 80 €
	❍❍	50 bis 75 €		❍❍	50 bis 70 €
	❍	bis 50 €		❍	bis 50 €

Polyglott im Internet: www.polyglott.de,
im Shell GeoStar unter www.ShellGeoStar.com,
im Travel Channel unter www.travelchannel.de

Alle Informationen stammen aus zuverlässigen Quellen und wurden sorgfältig geprüft. Für ihre Vollständigkeit und Richtigkeit können wir jedoch keine Haftung übernehmen.
Ergänzende Anregungen bitten wir zu richten an:
Polyglott Verlag, Redaktion, Postfach 40 11 20, 80711 München.
E-Mail: redaktion@polyglott.de

Impressum

Herausgeber: Polyglott-Redaktion
Autor: Manfred Braunger
Lektorat: Marlis Kappelhoff
Layout: Ute Weber, Geretsried
Karten und Pläne: Gundula Hövelmann
Titeldesign-Konzept: Independent Medien-Design
Satz: Easy Pic Library GmbH, München
Satz Special: Carmen Marchwinski, München

Erste Auflage 2002

Printed in Germany
ISBN 3-493-58873-9
Dieses Buch wurde auf chlorfrei gebleichtem Papier gedruckt.

Das unverwechselbare Polyglott-Sternchensystem

***** eine eigene Reise wert** **** einen Umweg wert** *** sehr sehenswert**

*** Abbaye de Fontenay (S. 78 f.)
*** Basilique Ste-Madeleine in Vézeley (S. 82 f.)

** **Dijon (S. 34 ff.):**
** Musée des Beaux-Arts (S. 35 ff.)
** Notre-Dame (S. 39 f.)
** Cathédrale St-Bénigne (S. 42)
* Palais des Ducs et des Etats de Bourgogne (S. 35)

** **Beaune (S. 45 ff.):**
** Hôtel-Dieu (S. 46 f.)
** Musée du Vin de (BourgogneS. 47 f.)

** **Sens (S. 84 ff.):**
** Cathédrale St-Etienne (S. 85)

** **Tournus (S. 90 f.):**
* St-Philbert (S. 90)

** Auxerre (S. 51 ff.)
** Abbaye de Cîteaux (S. 58)
** Route des Grand Crus (S. 60 ff.)
** Autun (S. 69 ff.)
** Ancy-le-Franc (S. 80)
** Château Tanlay (S. 80)
** Vézelay (S. 82 f.)
** Cluny (S. 93 ff.)
** Paray-le-Monial (S. 97 f.)

* Flavigny-sur-Ozerain (S. 75 f.)
* Alse-Ste-Reine (S. 76 f.)
* Semur-en-Auxois (S. 77 f.)
* Pontigny (S. 82)
* Avallon (S. 83)

Burgund im Internet

www.bourgogne.fr
www.burgundforum.de/
www.bourgogne-tourisme.com
www.bourgogne.net
www.ville-dijon.fr/
www.terroirs-b.com
www.cr-bourgogne.fr/
www.sncf.com

Der Autor

Manfred Braunger

studierte nach journalistischer Ausbildung und Berufstätigkeit bei Tageszeitungen in Freiburg und Lusaka (Sambia) Politikwissenschaften, Ethnologie und Soziologie. Seit vielen Jahren ist er als Buchautor und Fotojournalist tätig, wobei seine Schwerpunkte auf Frankreich und Nordamerika liegen.